# 哲學

哲學開外掛，
認識哲學家的新角度！

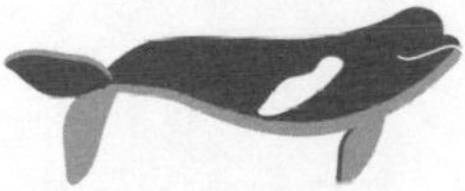

## 二十世紀

# 很有事

Cibala——著

三民書局

# 導言

## 開場

《哲學很有事》系列來到二十世紀了，上一個世紀。這是第一次我們討論的哲學家不全是已逝者，還有活著的哲學家，例如辛格與哈伯瑪斯。

這也是有史以來第一次，哲學家面對著科技帶來的巨大優勢與挑戰。在古希臘，蘇格拉底能對著三、五百人演講，但即便不用二十一世紀的網路，光憑電視，復活的蘇格拉底也能輕易地對三、五百萬人演講，還能留下影音紀錄。哲學的傳播理應更容易，但優勢也帶來了挑戰，因為哲學的對手也能這樣。

蘇格拉底的對手是辯士學派，辯士學派是一種哲學，蘇格拉底與辯士的對立是種哲學爭論。二十世紀哲學的主要對手根本就不跟你爭論，因為它的本質是就是「不思考」，是由於大量的教育、刺激的娛樂、繁忙的生活、多元的社會關係、各種競爭的壓力、頻繁的社交導致的「不思考」。

古人有限的教育往往成為思考的限制，現實生活卻能觸動他的思考。現代人教育普及，言論自由多樣，生活卻剝奪了人思考的機會跟樂趣。現代都市的人口遠超過古代的雅典或羅馬，主軸卻是生產與消費，對思考的興趣缺缺。齊克果認為「不思考」是種傳染病，而現代文明的巨大城市正是這種病患的聚集場所。

不思考的病不會致死，它只是讓人變的不完整，被他人與外物宰制，生命沉悶無望。它剝除掉人的靈氣，讓人如動物般工作與存活，被成見、習慣或其他人的意見統治著，無法享受發現或創造的樂趣。齊克果形容現代人的人生就像一個喝醉的農夫駕著馬車要回家，路人看起來是農夫駕車，其實是那隻顫顫巍巍的老馬，憑著退化的記憶找尋歸途。

不思考還讓人以用心思考為「恥」，以認識新事物為「累」。在教養上，我們不做榜樣，只堆資源，把責任丟給孩子，名之為「栽培」。在社會議題上，不顧思考就想憑話術解決意見對立，換湯不換藥的結果仍是對立收場。我們成了結果論者，不思考事情來龍去脈，不管好壞都什麼也沒學到。我們成了風向者，認為有人支持就是對的，謾罵弱者顯示自己高人一等。我們成了抄襲者，因為思想氣若游絲，無力創造。這些就是不思考的病症。

我無意說，哲學「必定能」解決以上症狀，也無意說「只有」哲學才能解決以上症狀，因為很多科學、藝術、文學中也都含有「思考」。我要說的僅僅是哲學閱讀「可以幫助」人喜歡思考，而建立思考能稍稍緩解這些症狀。哲學不是必需品，也不是萬靈丹，但它仍是個好東西，值得向讀者介紹，值得有緣者收藏。這從我寫第一個故事時就已經確定了，不信你可以翻前幾本書。

所以，我誠摯地邀請讀者，繼續這趟二十世紀的思考之旅，以思考的節奏，邊讀邊想，邊想邊讀，理解別人的同時也理解自己，最終目標是建立自己的思考。

## 分析與解放

二十世紀哲學的特點是哲學分裂為兩大不同的陣營：英美哲學與歐陸哲學。

不管任何時代，哲學總是一個充斥著不同陣營與對立觀點的學科。哲學本身就是對重要的抽象概念，提出不同觀點的學問。幾乎你所有想到的抽象概念，如真理、幸福、美、國家、知識、道德、人生等，哲學都有不同對立的想法，在歷史中相互競爭著。

所以二十世紀哲學之所以存在著兩個陣營，主要不是因為大家的意見不同，這是自古皆然的。二分態勢是因為存在著兩大群意見雖不全同，但「相似」或「相通」處卻很多的思想家。所以請注意，英美哲學與歐陸哲學不是互斥的對立，好像某個問題有「是」與「否」兩種相反的答案。英美歐陸二分反而更像是因為有相同的語言、文化、傳統因而形成的兩個獨立國家。

用兩國的譬喻也是要說明，因為還存在著中立國，比方說古典哲學，也存在著雙重國籍者，比方說維根斯坦或哈伯瑪斯。早期兩方有過短暫的相互批評，但更多時候是各自獨立地發展，在二十世紀末注意到彼此許多值得欣賞之處，開始相互參考。因此我傾向把兩者當成獨立陣營來介紹。

英美哲學，主要是因十九世紀末德國數學家弗列格發明的形式邏輯刺激而產生的哲學。形式邏輯是一種把複雜的理論拆解為語句集合的數學工具。英美哲學習於以邏輯為分析思考的工具，喜歡把哲學思想表現為簡單的句子與論證。甚至連與邏輯較遠的科目，比方說倫理學，也保留了這種化繁為簡，追求明晰的思考習慣。

所以英美哲學也被稱為「分析哲學」。英美哲學對數學與自然科學特別親善，對常識的自然世界不多做懷疑。也因為對泛科學知識系統的親善，他們的想法像是十八世紀啟蒙哲學的進階版本，傾向於反對形上學，排斥抽象的世界觀。也因為如此，比起鑽研哲學傳統，英美哲學更喜歡尋找用常識就能理解的哲學問題與概念。

對歐陸哲學而言，十九世紀浪漫主義哲學傳統要比古典邏輯這種工具要重要太多了。浪漫主義反對啟蒙的世界觀，反對「反對形上學」這件事。歐陸哲學在浪漫主義的影響下更看重人思考的完整性，深刻反省思考的原因，追求徹底的解放。他們針對近代哲學以來的理性傳統，自然科學發展下的世界觀，乃至於英美哲學較少批判的資本主義，都進行不斷的反省、批判與思想抗爭。

也因此歐陸哲學對泛科學的知識系統並不親善，這些是已經成為壓制勢力的思想，反而對帶著解放感的文學、藝術、乃至於政治，甚至宗教，保持著更正面的態度。相較於英美哲學，歐陸哲學對傳統哲學、哲學的歷史乃至於哲學經典或文本更有興趣，這些是他們想要解放的對象，希望透過思想的批判與解放，讓人真正的自由與完整。

追求思考清晰的英美哲學讓我第一個想到的是「教育家」，追求徹底解放的人讓我想到「革命者」，這兩種職業並不互斥，蘇格拉底就同時擁有這兩種特質。當然它們也可能是衝突的，教育家可能希望人接受已發現的事實或價值，而革命者可能鼓吹人推翻一直以來的成見。現實上到底該接受哪邊的意見，得斟酌細節，並沒有固定不變的答案。但在深入理解兩者時所培養出紮紮實實的思考能力，絕對比完全接受兩者之一的答案要來得更為重要。

## 實際內容

本集故事稍多，共有二十八篇，筆者盡可能維持兩陣營平衡，協調結果是英美哲學十五篇，歐陸哲學十三篇。英美比歐陸多兩篇是因為筆者在學校時期主要研究英美哲學，取材稍比歐陸哲學容易。

本書的故事數量不少。雖然有二十八個故事，但還是有很多沒介紹到的哲學家。這些哲學家或思想並非不重要，而是筆者的能力跟時間都有限罷了。筆者希望本書能提供一條跨過哲學門檻的橋樑，既不是唯一橋樑，也不是過橋者的唯一，跨過橋樑後，再建座更好的橋，或尋找更酷的方式過河，都令我欣慰。

在順序上，我盡量按照哲學家或哲學思想的出現時間安排先後。但二十世紀的社會變化較過去頻繁，完全照順序的結果會是有些破碎的，所以在〈導言〉最後一部分我會依照主題再把故事簡單分為八類。讀者可以依照自然的時間順序，也可用主題方式閱讀。

第一個主題是英美哲學中「什麼是語言？」與「什麼是意義？」的問題。第一篇〈外星人觀察日記〉介紹弗列格的意義概念；第四篇〈理想的語言〉是羅素前期的理想語言觀；第五篇〈學生維根斯坦〉中表現的是維根斯坦前期的語言概念；第十五篇〈朵麗一家〉談後期維根斯坦的意義概念。

第二個主題是英美哲學中與邏輯或計算理論有關的問題。第八篇〈思考的機器〉介紹通用圖靈機的設計；第十四篇〈圖靈測試測試〉介紹圖靈測試的概念；第二十七篇〈小孟〉呈現的是反圖靈測試的思想實驗：中文房間的論證。

第三個是英美哲學中跟科學哲學與心智哲學有關的主題。第七篇〈小會議〉

介紹邏輯實證論的世界觀；第十八篇〈不容錯誤之城〉介紹波柏的知識觀；第二十八篇〈黑白瑪莉〉是個心智哲學重要思想實驗的故事版。

第四個主題是英美哲學的倫理學與政治哲學。第十七篇〈兩封信〉談柏林的兩種自由；第二十二篇〈無知之幕公司〉介紹羅爾斯《正義論》的思想實驗；第二十四篇〈幸福機器〉則是諾齊克的思想實驗；第二十五篇〈教授該做的事〉呈現應用倫理學的動物權概念。

第五個主題是歐陸哲學對現代性的分析與批判。第二篇〈復活節島上的王儲課〉介紹現代性的「除魅」概念；第三篇〈李斯頓紀念館〉看韋伯詮釋資本主義的根源；第九篇〈星球〇〇一〉介紹海德格後期對科技的批判；第二十六篇〈後現代知識商店〉呈現後現代主義的知識觀。

第六個主題是歐陸哲學中的存在主義與女性主義。第六篇〈阿海〉介紹海德格《存有與時間》中某個著名觀點；第十二篇〈自由的 Polo 哥〉介紹沙特的自由概念；第十三篇〈愛倫〉是波娃的女性主義思想。

第七個主題是與政治體或事件相關的思想。第十篇〈史達林的刺客〉介紹二十世紀蘇聯的共產主義；第十一篇〈奧斯維辛的最後一夜〉介紹的是法西斯主義；第十六篇〈坂田先生〉的主角是冷戰與羅素—愛因斯坦宣言；第十九篇〈邪惡的樣子〉想呈現鄂蘭在《平凡的邪惡：艾希曼耶路撒冷大審紀實》一書中的觀點。

第八是歐陸哲學中關於溝通、詮釋乃至於文明本身的批判。第二十篇〈討論「討論」〉介紹哈伯瑪斯的理想溝通；第二十一篇〈作者的意思〉呈現巴特的「作者已死」的觀念；第二十三篇〈看守者傅柯〉呈現傅柯對文明與權力概念的分析。

故事數量不少，我就不增加篇幅了，希望大家會喜歡。

# 哲學很有事

## 二十世紀

Contents 目次

# 外星人觀察日記

談話比生活中任何其他舉動更為美妙。

蒙田《隨筆集》

一九九〇年，X 星人的宇宙船上。

X 星人來自百萬光年外的宇宙，探險宇宙的資歷與科技完全超出人類所能想像。人類從沒見過他們，他們卻可以輕易地接近跟觀察人類。

毫無疑問，X 星人是具有高度智力與文明的種族，不過說他們是「種族」或許有點奇怪，因為所有 X 星人都是「共有」同一個心靈的不同個體。每一個 X 星人的想法，都像在「同一個腦袋」裡的各種念頭一樣，呈現在同一個心靈裡，在同一時間被所有 X 星人知道並思考，就像擁有無數替身的超級電腦一樣。

在地球上最像 X 星人的生物或許是美國猶他州的「潘多樹」，這是一片乍看之下是樹林，實際上卻是由一個根系統支撐，每株樹基因都完全一樣的超大型植物。只是連結每個 X 星人的不是物理構造，而是「心靈」罷了。

在 X 星人探險宇宙的旅程裡，這種思考系統是他們唯一發現「心靈存在」

的方式，也因此，地球人讓他們傷透了腦筋。人類看起來是具有心靈的活動者，他們卻無法從地球人身上偵測到任何共同心靈的存在。

以下這段既類似對話，又可以被視為獨白的過程，就是X星人思考的方式。

「我不懂，地球人沒有共同心靈，生活跟行為卻表現得像具有共同心靈一樣。」

「我覺得地球人的特殊應該得從『視覺辨識能力』來解釋。他們每天花很多時間訓練眼睛辨識能力。他們會拿著有密密麻麻紋路的紙，拼命看來訓練眼力。」

「對，可是鳥類視覺比人類更好，這是先天的優勢。」

「但人類的生活與行動如此規律有序，文化與社會如此成熟一定有理由，我們必須找出來。」

「他們到底用什麼方式協調集體生活？人類的組織比螞蟻更複雜，身體構造呈現的卻是種自私貪婪的個體生物。這難道是奇蹟嗎？為什麼他們可以累積知識，發展文明？」

兩位外星人此時正觀察某公司的接待櫃臺，有個人走近櫃臺，說他與總經理有約，接待人員確認後請他進了公司。

「她讓他進去了，這是為什麼？是因為他做了沒有特定情感的發聲練習？」

「有可能，地球人常做一些沒有特定情感的發聲練習。」

「為什麼發聲練習可以讓他進去，表示忠誠度嗎？是恐嚇嗎？」

「可能是。總之，一定是讓對方觀察到自己的某些狀態。」

接著來訪的是一個穿著不是那麼正式的人，他表示自己在沒有邀約的情況下來訪，於是接待人員拒絕了他。

「她又不讓他進去了，這又是為什麼？」

「我覺得可能是服裝，生物對彼此的第一印象來自於外貌，地球人的服裝就是為了加強自己的外貌。」

接著櫃臺前出現了另一個穿著正式的人，表示自己在沒有邀約的情況下來訪，接待人員拒絕了。

「這個人的服裝跟第一次來訪者是同類的，但是她不放他進去。這是為什麼？」

「這我就不明白了。」

最後一個穿著輕鬆的人表示自己受到邀約，接待人員確認後表示歡迎，並讓他通行。

「這裡面有一股神祕的力量在運作，不是外在服裝。」

「或許觀察年紀更小的地球人會有幫助。」

兩位外星人觀察某間小學，某個小女孩在無人的空校舍裡發現了一隻小狗。

小女孩非常高興，她抱著小狗親吻，陪牠遊戲，小狗也喜歡她。小女孩家裡不許養狗，便想把小狗偷養在這兒。

「小人類很喜歡其他的小哺乳類，這種情感也蠻特別的。」

「是特別，但不是唯一的。而且也不像建立文明的關鍵。」

小女孩回到班級後，把事情偷偷告訴了最好的朋友，只是兩人說好分開行動，以免太快被其他人發現。

「她朋友也往那個空校舍走去，是偶然的嗎？」

「先看她要做什麼，目前還無法判定。」

接著外星人很清楚觀察到，小女孩的朋友也在空校舍裡尋找那隻小狗，她也很快找到了，而且非常開心，但並沒有待久便離去。

「這個女孩的行動跟前一個小女孩一定有關聯？這是怎麼關聯的？她當時又不在場。」

「這就是地球人的祕密了。」

外星人追蹤觀察，兩人放學後分頭去買了些狗食，回校舍餵小狗。

「我好像有概念這是怎麼一回事了。明天再做最後確認吧！」

不過因為外星人的思想全是在同一個心靈中發生，所以一瞬間對方也知道了。

「原來如此，不過我們還要確認一下。」

第二天，他們更仔細追蹤小女孩的行動，發現只要她們對別人發出某些聲音後，對方就會神神祕祕地離開，去看空校舍裡的小狗。

「我們確定了。」

「是的，終於確定了，地球人發出的聲音，不只是反映個體的情緒或狀態，還包括了『描述世界的狀況』。」

「是的，因為能用語言描述世界的狀況，所以任何個體收到的資訊，都可以用語言傳給其他人。當一個人理解別人所說的話，這就好像他們彼此之間建立了暫時的共同心靈。」

「是的。地球人是使用『語言』，來建構共同的『心靈』。每一個個體心靈，因為透過對語言的解讀，能理解他人的想法，了解世界。」

「當口說語言具體化為文字，想法便能傳給遙遠、年輕，甚至還沒有出生的人們，累積心靈或精神的財富。我們一直以為訓練眼力的活動，其實是在閱讀文字，透過文字了解他人與世界。人類能使用語言彼此理解，進而建立知識，利用知識人能建立文明，這實在太出乎意料了。」

「語言，還真是個奇妙的東西。所以我似乎也開始想學語言這種東西。」

「我們是不需要這種東西的，因為我們可以在一瞬間理解彼此的想法。」

「但是學了語言，我們就可以讀取地球人的共同心靈，這樣可以更了解他們，更了解宇宙，甚至也更理解我們自己，我們總是能在向別人學習時發現自己身上原來就有，卻沒有被注意到的東西。」

「你說的很好。而且還有另一個好處，只要你學了，所有其他X星人就同時都具有這樣的能力了。」

X星人終於了解了地球人思考的祕密，並且開始在地球學習「語言」這個神奇的東西。

## Cibala老師碎碎念

本故事介紹的是德國哲學家戈特列布・弗列格（Gottlob Frege, 1848-1925）的「意義」（sense）概念。弗列格是十九世紀的邏輯學家、數學家、哲學家，他建立了現代的符號邏輯系統，帶來邏輯從亞里斯多德以來最可觀的進步。

「意義」對人類而言是一個簡單而且永遠離不開的概念，筆者在創作的這一刻，就是希望留下一些能被後世理解，具有意義的文字。弗列格注意到文字表現出的想法或思想，也就是文字背後的意義，是能被社會共用，而且能保存所有人想法的共同心靈。語言是人們尋求知識，保存知識，建立文明的基材。

弗列格的邏輯系統與相關觀點引領了英美哲學中所謂「語言的轉向」，這股思潮將哲學討論的目標聚焦在語言之上，以分析澄清意義為哲學最重要的工作，這些都是從弗列格這位哲學家開始的。

## 哲學很有事，你也來試試

☆X星人特別的地方是什麼？

☆想一想，X星人說地球人拿著一張密密麻麻紋路的紙在練習眼力，他們所指的這些人到底在做什麼？

☆X星人說根據身體構造，地球人應該是怎樣的生物？

☆X星人最後終於弄懂了，地球人的聲音除了行動跟表現情緒之外，還有什麼功用？

☆對X星人而言，地球人的共同心靈是什麼？

# 復活節島上的王儲課

當人類歡呼征服自然的勝利之際，也就是自然對人類懲罰的開始。

德國哲學家　黑格爾

西元一千年，復活節島。

長耳族國王阿庫娃正在給他的雙胞胎子女上課。

「仔細聽了，以下要說的是這個世界最大的祕密。」阿庫娃用認真的語氣道：「這個世界沒有超自然的力量，任何地方都沒有。」

「就這樣？」姊姊問道。

「就這樣。」阿庫娃道。

姊姊道：「父王，我聽得懂這些話的意思，卻不懂您為什麼要說這些話。」

弟弟道：「我也是。」

阿庫娃道：「這是了解世界最重要的策略，世界沒有任何神明、超自然力量、魔法或神祕的意志，只有不判斷善惡、沒有情感、種瓜得瓜、種豆得豆、無法用思想影響的自然規律。」

「所以沒有神？」

「不是沒有神，而是神不在人世間。感受一下。」阿庫娃說完後拍拍手，便有僕人進來在兩人桌前放了三個一組的小杯子，接著拿了三個壺來，給小杯斟上壺裡的水。

阿庫娃道：「先喝最右邊的杯子。」

姊弟倆便喝了。

阿庫娃問道：「你們剛喝的是什麼？」

「水。」兩人異口同聲道。

「很好，接著喝中間的杯子。」

姊弟倆又喝了。

「應該也是水。」弟弟道：「跟第一杯有沒有什麼不一樣的地方？」

「我覺得沒有。」姊姊道。

「最後，喝最左邊的杯子。」

姊弟倆喝下後，都皺起眉頭來。

「好鹹！」姊姊道。

「對。」弟弟伸伸舌頭。

阿庫娃道：「三杯水都喝完了，我來解釋一下它們的不同。第一杯是普通的水沒錯，有趣的是第二杯。第二杯則是我們傳了五代的聖壺，從聖湖中汲水，再放在宗廟裡祈禱三天，只有王族血脈才能飲用的『聖水』。」

「什麼？」兩人異口同聲問道。

「我上次儀式時特別留下來的。這跟一般的水並沒有什麼不同，我偷偷給其他人喝了一點，結果完全一樣。」

「父王，這樣對祭司或神明不尊敬，真的好嗎？」

「我這樣做完全不是出於不敬神，甚至是種更敬神的表現。祭司告訴我們，神創造了世界後，賦予世界規律，從群星之上看顧我們，神與祂所造之物絕不相似。」

「是的。」兩人異口同聲道。

「你們看這段話的重點在哪裡呢？」

「神在天上看顧我們。」兩人異口同聲道。

「大部分人都會這樣反應。但『神與祂所造之物絕不相似』也很重要。這代表神不存在於一切事物之中，神不在神廟中，神不在聖湖裡，不在聖水中，也不在祭司身上，祭司只是傳達神旨意的角色。」

「父王，您這樣不就是在否定神嗎？」姊姊問道。

「我不是否定神，只是在把與神無關的事物分開。自然世界中沒有神，只是單純的被造物。相信世界中有魔法或超自然力量，就等於相信這些事物與神相似，或具有神以外的力量，這才是真正的不敬。」

這一段有點困難，姊弟倆思考了很久，才慢慢點著頭。

「接著我要說第三杯水，第三杯水是怎麼回事？你們說說看？」

「當然是加了鹽啊！」兩人異口同聲道。

「這就對了。遇事要尋找自然的原因，而不是急著崇拜魔力。如果有大批人民喝水造成腹瀉，就要勘巡水源。食物不夠，就要想辦法增加糧食生產。太熱，要想辦法保持住處涼爽，太冷，就尋找有效保暖的方法。尋找自然規律，依此安排，不要相信自然界有意志，它們僅僅是被造物，神超越這一切之上，這就是我所要說的最大的祕密，這樣想才是神揀選的統治者。」

「那如果找不到呢？」姊姊問道：「不見得每個現象都能找到加鹽這樣的原因。」

「那代表我們對自然規律的認識還不夠，可以繼續找，也可以等待。要堅信在這現象背後還有不為人知的自然規律。千萬不要走回崇拜超自然力量的迷信去。除掉超自然力量是解決現實問題的關鍵，承認無知要比跟著迷信起舞更接近真相。」

姊弟倆點點頭，他們遵循父親的教誨，成了優秀的統治者。他們不畏困難，面對問題，用理性思考征服了復活節島的自然現實，建立起文明，人口與島民的生存條件都爆炸性的成長，看起來狀況越來越好。

只是復活節島周圍的再生性自然資源有其限度，木頭、魚類或植物都需要休養生息。膨脹的人口消耗光了島上的自然資源，最後，戰爭、饑荒與各種災難結束了島上的文明。

Cibala
## 老師碎碎念

本故事說的是馬克西米利安・卡爾・艾米爾・韋伯（Maximilian Karl Emil Weber, 1864–1920），小名馬克斯・韋伯（Max Weber），德國的哲學家、法學家、政治經濟學家、社會學家。

韋伯除了在德國大學任教，在學術界享有盛名，他在政治界也十分活躍，曾前往凡爾賽會議代表德國談判，參與了威瑪共和國憲法的起草。

本故事呈現的是韋伯提出近代世界特有的「除魅」概念，這是人們把超自然因子完全逐出世界之外的想法，這既改變了人對世界的看法，也改變了人對世界採取的行動。世界不再具有神秘性，科學與人聯手的王國無邊無際。這些概念並非由韋伯所發明，從啟蒙開始這些想法就已經不斷地往前進了，只是到了韋伯時又梳理的更清楚，更具有批判性。

筆者把這個概念特別與基督宗教的教理相連，一方面是幫助理解我們生存的現代，解放我們自己。另一方面也是為了連結到下一個韋伯要說的故事，新教倫理形塑了資本主義。

## 哲學很有事，你也來試試

✰ 第二杯水有什麼特別的？為什麼？

✰ 第三杯水有什麼特別的？為什麼？

✰ 透過實驗與解說，阿庫娃國王想告訴他的小孩什麼？

✰ 復活節島的結局是什麼？

✰ 你認為，這個世界上還存在著超自然力量嗎？那會是什麼呢？

# 李斯頓紀念館

你們不論吃喝，還是做別的事，一切都要為著上帝的榮耀。

《聖經·哥林多前書》第十章第三十一節

一九〇五年，英國倫敦街頭。

「李斯頓紀念館，歡迎您。」黑衣男子推開木門，迎接他的終於不再是刀槍跟子彈。

如果不是因為被警方與黑道同時追捕，康傑也不會進到這間小紀念館。為了減少不必要的騷動，他強忍傷口疼痛，假裝自己是參觀者，若無其事地打量四周。

「就由我來為您簡單介紹吧！」一位女性接待人員親切地對他說，她年紀約三十多歲，金髮藍眼，聲音中洋溢著青春熱情。她向康傑介紹自己的名字叫珍妮。

「很好，麻煩您了。」康傑回道。

珍妮帶康傑四處參觀，並道：「李斯頓先生是位成功的企業家，他生前擁有三間紡織廠，一間批發中心，以及六間店鋪。這座紀念館是由他的遺產利息來維持的，另外他也資助不少的學校與教會。」

「所以李斯頓先生的家族，還繼續經營他的事業嗎？」

「李斯頓先生沒有家族。他是個孤兒，終身未婚，沒留下子嗣或繼承人。」

珍妮回道：「他的遺產由基金會保管，而他的精神將永遠與我們同在。」

珍妮領著他穿過大廳，進到一個房間。康傑原以為會見到些珍奇藝術品，不過目前所見都是個人的照片與文件之類的紀念物。對一個並非舉世聞名的人物來說，這些紀念物顯得無聊單調。

房間正中央懸著一個木牌，上面刻著：

你們不論吃喝，還是做別的事，一切都要為著上帝的榮耀。（《聖經・哥林多前書》第十章第三十一節）

康傑感覺刻字的人也許有些特別的經歷與風格，但美感仍不足以列入藝術之殿。他輕咳了兩聲，虛情假意地說：「有趣，有趣。」

「這位先生，您如果抱著欣賞藝術品的目的前來，想必有些失望吧！這我可以理解，李斯頓先生刻意不收藏高價藝術品，因為他認為最有價值的不是藝術品，而是思想。」

「思想？」康傑驚訝回道。

「是的，李斯頓先生有些特別的想法，對金錢的想法，對工作生活的觀點，能帶來金錢與幸福。」

「特別的想法嗎？這我倒是有興趣。」康傑回道。穿越不同時代的他一直對人類思想有很大的興趣，於是回道：「能請您介紹一下這種特別的想法嗎？」

珍妮推了推眼鏡道：「當然可以。但是先生，您還真特別，大部分人聽到想法反而失去興趣。李斯頓先生是位虔誠的加爾文派的新教徒，馬丁路德改教以來，新教已經傳遍歐洲每一個角落。李斯頓先生緊跟著加爾文先生的腳步，不敢懈怠。」

康傑單刀直入道：「那又如何？」

「李斯頓先生富有，卻過著簡樸的生活。他賺錢的目的不是為了花用，而是為了榮耀神。」

「賺錢為了榮耀神？」

「是的，李斯頓先生認為，誠實勤奮地工作，賺取金錢，是扮演好神給人的職分。天主教世界聖俗二分，平日生活是俗世，充滿了私慾與犯罪，教堂才是神聖的，人們在這裡懺悔俗世之罪。新教反對這種虛情假意的信仰，認為人活在世界上的每一刻，即便在工作中，依然有神同在，依然要對神賜予的生命負責，不可以怠惰浪費。」

「所以李斯頓先生認為，誠實勤奮地工作是為了對神負責任？」

「是的，生命不屬於我們，而屬於神，不可縱慾跟浪費。李斯頓先生既不追求財富帶來的享樂，也不追求投機致富，他追求的是成功本身，金錢只是附帶。投機跟享樂只能對俗人誇耀，對永生神來說，只是可笑。」

「不以享樂，而是以成功為目的地賺錢，這的確是個有趣的特徵。」

「是的，李斯頓先生從年輕就開始累積財富，很快成為資本家。他深信時間就是金錢，人對自己在世的時間跟財產都有義務，不能當懶惰的僕人。忠於工作就是跟隨使徒。李斯頓先生經營紡織廠時也提到，在他所僱用的工人當中，新教的工人，敬虔的工人，表現更好，他們誠實節制，又勤奮負責。」

「因為忠於工作，是嗎？」

「是的。李斯頓先生說，只有真正信仰神的人才會將工作奉為天職，打從心底正直勤奮。工作是種聖召，神通過工作賜福信仰者。只賺取生活所需，只想靠犯罪或投機發財，永遠不可能真正富裕。真正富裕的人把工作看成目的，而不是手段。」

「我聽過要把人看成目的，而非手段。沒聽過把工作看成目的，而非手段。

李斯頓先生看來是個嚴肅的人。」

「這是生命的事情，非嚴肅不可。李斯頓先生不喜歡娛樂或奢侈品，反而欣賞學問跟思想。所以他把遺產大部分捐給學校。他喜歡思想勝過於感覺。」

「我倒有個疑問，李斯頓先生累積了許多的財富，有想過社會充滿著許多窮困的人，要將財產分給窮人嗎？」

「李斯頓先生認為，人一生都是神安排的，貧窮也是。窮人有安排好的命運與生命課題，不能逃避。他不同情乞討者，能生產卻不生產而去乞討，有違鄰人之愛。他也不支持大規模的社會救濟，甚至是共產主義，而是希望能創造更多的工作機會，讓每個人能透過工作自食其力。」

談話之間突然響起急促敲門聲，康傑心頭一驚，頓時不知道做何反應。珍妮反應卻出奇地快，她立刻走向前廳去應門，這是她的職責。

「不可能不動手了。」康傑取出自己鞋子後藏的手槍零件，快速組裝並上好子彈，又檢查了一下腕部的十字弓。他預估搜查人員不會超過五人，手邊火力應該足夠。

其實對康傑來說，殺出一條血路並不困難，他見過的險境比這多太多了。但他突然因為剛剛的領會，對珍妮有一點點好感，他很擔心會在戰鬥的過程中傷害到她。

康傑準備好武裝的同時，珍妮與警察之間的對話卻讓他覺得不可思議。

「我們在追捕一個黑衣男子，有任何線索嗎？」警察問珍妮道。

「警察先生，沒有。剛剛到現在都沒有人來，如果有人來我一定會看到，而且我一定會報告給您知道的。」

「好的，麻煩妳了。」警察往裡面看了兩眼後就離開了。

珍妮關上門，回到康傑所在的小房間。

「為什麼要幫我？」康傑開門見山問道。

「因為您也幫過我。一五二一年，沃木斯的小山洞。記得嗎？」

康傑突然想起，那一年他受託去綁架一名要人，為的是讓他免於被暗殺的命運，這人就是當時新教的首領馬丁．路德。（詳見《哲學很有事：中世紀到文藝復興》）

「馬丁．路德先生！」康傑驚呼道。

「是的，我是特別來向你說句謝謝。時間過得可真快。」

「是啊！你當初所追尋的新教精神，已經被新教的資本家繼承，而且有驚人的發展了。未來到底會怎麼樣呢？」

「這個除了神，還會有誰知道呢？」馬丁．路德誠摯回道。

## Cibala 老師碎碎念

本故事說的依然是前一個故事的馬克斯・韋伯，呈現的是韋伯知名大作《新教倫理與資本主義精神》中的觀點。

韋伯在本書中主張，新教的倫理帶來了為工作成功而獻身的熱情，努力追求在世界上，也是在神的面前，最勤奮的表現。清教徒的思考習慣成為推動資本主義發展非常強的力量，因為清教徒的思考習慣一方面讓人無時無刻不專注於工作，一方面又讓人不沉溺於消費娛樂，因而能累積擴大生產的資本。

深刻的宗教精神翻面卻成了追求世俗成功的動機。雖然有爭議，但這是非常有趣的想法，能刺激深度的思考，值得一探。有興趣的讀者可以自行尋找相關的資料繼續下探。

## 哲學很有事，你也來試試

☆李斯頓先生有什麼特別的思考習慣？

☆李斯頓先生認為真正富裕的人有什麼特質？

☆李斯頓先生對娛樂或奢侈品的態度如何？

☆李斯頓先生如何看貧窮人的問題？

☆你覺得賺錢應不應該是一個人一生最後的目的？

☆你覺得浪費生命是好的嗎？又，你覺得生命可以只浪費在樂趣上嗎？

# 理想的語言

並非語言本身有多麼正確，有力，或者優美，而在於它所體現出來的思想力量。

德國詩人　歌德

一九一〇年，英國劍橋。

黑衣記者康傑的今日任務是採訪伯特蘭．羅素教授。

羅素是出身貴族的年輕學者。他待人彬彬有禮又和善寬容，發言幽默風趣又充滿智慧。康傑與羅素在一陣英式寒暄之後，開始了正式訪問。

「我想先問羅素先生的是，什麼是『哲學』？有些哲學家會說這是個根本不可能被回答的問題，您怎麼看？」

羅素回道：「容我稍後回答我怎麼看哲學的問題，我得先解決一個『語意上』的問題。我想問您，一個根本上不可能被回答的問題，究竟在『哪種意義上被稱為『問題』呢？」

「這……」康傑想了一下，他完全沒預期會被這樣反問，所以根本答不出來。

羅素繼續道：「我理解也同意，哲學問題是不容易回答的，它需要大膽思考，仔細分類，徹底反省，保持無偏見的態度，在證據不足時保留答案。但光這些並不構成一個學科是『不可能被回答的』。這些甚至也不是哲學特有的，這也是在研究科學或進行推理需要的理性態度。哲學不需要用這種說法自抬身價。」

「您說的是。」

「順著這點我來好好答第一題吧！與科學一樣，哲學探索的目標是『真理』，人類一切知識都是為了探尋世界的真實面貌。『哲學』與『科學』的不同點在於興趣方向，哲學想研究更基本，抽象度更高，甚至牽涉價值觀的問題。比方說哲學對『什麼是獅子』或『什麼是蘭花』不感興趣。卻想深入了解『生命』、『知識』、『幸福』、『社會』這些抽象的基本概念。」

「所以兩者沒有根本的不同，只有興趣上的差別？」

「是的。但當哲學試圖分析這些概念時，卻發現一個來自於『語言』的問題。」

「『語言』的問題？」

「是的。我們平常說話所用的語言，就生活溝通而言或許足夠，但當想分析更基本的概念時，就會發現語言本身不夠理想精確。舉個例子，當我想回答『什麼是人』，我回答『人是哺乳類、靈長目、人科、人屬的智人』時，對方也許會說，這樣回答不夠完整。」

「您這樣一說的確感覺有點不完整呢。」

「問題是到底『哪裡』不完整呢？有沒有可能當我把所有有關人類的知識都說清楚了，可是還是有人認為答得不夠完整呢？」

「您這樣一說的確也是有這種可能。」

「原因在於這個問題中，問『什麼是人』時許可的答案到底是什麼？其實並不清楚。既然問題本身沒有設定好怎麼答才足夠，結果是怎麼答都不夠。這種不精確性甚至帶來了一種神祕感，就跟『哲學是什麼』的問題一樣。日常使用的語言中充滿了各種不精確的表述，妨礙了清晰的思考，甚至，語言的『文字結構本身』就是引起爭論的原因。」

「文字結構本身就是引起爭論的原因到底又是怎麼一回事？」

「我們得先說些背景知識。不管科學、哲學或常識都很難否認，所謂『真理』基本上是符合事實的判斷，像『康傑先生今天穿著黑色的衣服』這樣的一句話。當您穿黑色的衣服，這句話便為真，當您穿黑色以外的衣服，這句話便為假，對嗎？」

「這樣想的確是合理的。」

「如果這是合理的，那『當今法國國王是個禿頭』這句話的真假，便要看『當今法國國王』這個詞所指的對象是否禿頭，或者說，是否屬於『禿頭』這個群體而定，對嗎？」

「這自然是了。」

「可是因為當今世上不存在法國國王，這是個空名，就像哈姆雷特、太陽神阿波羅一樣，並不是真有這些對象。所以不管在『禿頭』或『非禿頭』的群體中都找不到法國國王，對嗎？」

康傑忙答道：「對，所以這句話應該沒有真假，任何包含空名的話都沒有真假。」

「這樣說也不對，因為『當今法國國王不存在』，這話包含空名卻反而是句符合事實的真話。不是嗎？」

「對耶，我似乎漏了這句話了，這例子把我搞糊塗了。」

「不只你，所有人都被搞糊塗了。一句話的意思不能光看字面結構，要考慮它真正的意思。一句話的主詞有時不存在，但還是有意思與真假，那是因為它真正的意思必須倒過來想。『當今法國國王不存在』是說『世界上』找不著法國國王，主詞是『世界上』。『飛馬不存在』的主詞是『飛馬』，說的也是『世界上』找不著飛馬，甚至是『沒有馬是長翅膀的』。思考時一定要問自己，這話『真正的意思』是什麼？在什麼情況下真，在什麼情況下假？而不是在不清楚的情況下就急著相信或否定，這是我們從語言結構分析所得到最大的啟示。」

「原來如此。這就是您一開始所說的『語言的問題』？」

「是的。我們平常鬆散的說話習慣可能成為認真討論時衝突、混亂或爭論不休的根源。所以哲學家應該致力於建立一種『理想的語言』。一種以數學邏輯為骨幹的語言，有清楚的邏輯結構，絕對明確的意思。理想語言中每個句子的真與假都更容易確認，這能讓我們思考更清晰，能避開不必要的衝突與爭論。」

「我懂了。所以擁有這類語言，就等於知道一切，對嗎？」

「當然不對。」

「為什麼不對？」

「因為這僅僅是語言。理想語言能『幫助』我們認識世界，卻不能『代替』我們認識世界。即使形成了邏輯結構清晰、意思確定的句子，但一個句子到底是真是假，是對是錯，沒辦法單就語言決定，還是得要看『事實』才行。科學實驗與觀察才能發現事實，這不是語言可以替代的。理想語言是為了與科學合作，而不是為了成為《聖經》。甚至，理想語言能幫我們與不確定好好共存。」

「這又是什麼意思？」

「即便是科學時代，依然存在著許多人們不知道，不確定的事情。承認無知完全是合乎理性的，科學是發展中的學科，不見得能解釋所有事實。從哲學角度看清人類的處境，你會很願意承認自己的無知。除了建立理想語言，哲學還能教我們與『不確定性』共存，對所有東西抱持懷疑，甚至懷疑自己，但又能不被懷疑的感覺打倒，而應該勇於探索求知。」

「所以建立理想的語言，並不會自動知道一切。繼續跟這種不確定性共存，探索求知，這也是哲學重要的價值，對嗎？」

「您的描述非常精準。」

「太棒了，羅素先生，我會把您的談話寫成一篇很有趣的訪談的。」

十年後羅素前往東方講學，後來因為戰爭的關係，羅素全力投入了反戰的社會運動，再也沒回到理想的語言世界。

Cibala
## 老師碎碎念

本故事主角是伯特蘭・亞瑟・威廉・羅素，第三代羅素伯爵(Bertrand Arthur William Russell, 3rd Earl Russell, 1872–1970)，英國皇家科學院院士，英國哲學家、數學家和邏輯學家，致力於社會運動與哲學的普及化。

羅素在數學哲學上採取弗列格的邏輯主義立場，認為數學的概念可以還原為邏輯概念。在語言問題上他認為語言字面的結構需要被分析出背後真正的邏輯結構，才能呈現語言「真正的意思」。邏輯分析能澄清意義，因而對人類整體知識具有貢獻。

一九二〇年七月，羅素被批准申請一年假。他花了這一年時間在中國和日本講學。對中國學術界有相當的影響力。一九五〇年，羅素獲得諾貝爾文學獎，被譽為西歐言論自由世界中最勇敢的君子。

一九五五年羅素與愛因斯坦發表羅素—愛因斯坦宣言，兩次因為反戰爭而入獄，羅素在政治上的光譜偏向自由主義與和平主義，著作等身，一九七〇年在英國去世。

## 哲學很有事，你也來試試

- ✩ 羅素指出「哲學問題是不可能被回答的」這種說法的問題在哪裡？
- ✩ 羅素認為從科學、哲學或常識的角度看來，所謂「真理」指的是什麼呢？
- ✩ 羅素認為「當今法國國王不存在」這句話的「主詞」到底是什麼呢？
- ✩ 羅素認為建立了理想的語言就等於知道了一切嗎？為什麼？
- ✩ 羅素說哲學除了建立理想語言外還能教我們什麼？
- ✩ 你覺得我們平常用的語言是精準清晰的嗎？有沒有什麼有趣的例子呢？

# 學生維根斯坦

可說的必能說清楚，不可說的就必須保持沉默。

維根斯坦《邏輯哲學論》

一九一二年，英國劍橋。

碰！碰！碰！

年輕的劍橋大學教授羅素，被一陣急促的敲門聲驚醒。他想不通，半夜一點還會有誰會來找他，所以有點害怕。

羅素走到門前，對門外喊著：「誰啊？」

「老師，請幫幫我。」

聽到是學生，羅素想也沒想便打開了門。

「是維根斯坦啊！」

維根斯坦是羅素最傑出的學生，奧國鋼鐵大亨卡爾．維根斯坦的兒子。天資聰穎，聰明過人，英俊富裕卻帶著嚴重的憂鬱。維根斯坦有種能看穿一切虛偽的氣質，他的專長不是建立複雜精巧的證明，而是把問題變得出人意外的簡單。

「老師，我有些問題想跟您討論。」維根斯坦語氣緊張，像是告解一般。

「現在討論？我已經睡了，約個時間談好嗎？」

「不行，我很急。」

「我這邊也不行。」羅素出身貴族，不被打攪的尊重是他從小教養的一部分。「我很榮幸，但換個時間談好嗎？」

「我……」維根斯坦語氣像是要哭出來一般：「我必須今晚解決這個問題，我已經撐不下去了。」

「明天，明天一早就跟你談好嗎？」羅素退了一步。

「求求您。如果您不願陪我討論，至少，我需要一個地方思考。老師，您的書房，我可以借用一下您的書房嗎？這個晚上不把答案想出來，我沒辦法活著看到明天的太陽。老師，您想見我死嗎？」維根斯坦語氣與表情都轉為崩潰。

如果是一般學生說這些，羅素也許會以為在開玩笑，但以羅素對維根斯坦的理解，他是完全認真的。仁慈的羅素還是基於寬容待人的原則退讓。

「我可以借書房給你，可是我真的要睡覺了。明天再討論。」羅素開門讓維根斯坦進來，維根斯坦像溺水的人爬上岸一樣急忙鑽進羅素的書房，一句道謝也沒有說。他走進羅素的書房後，便開始在原地來回踱步，他雙手猛抓著自己的頭髮，極為苦惱的樣子。

羅素好心走過去對他說：「維根斯坦，還需要什麼嗎？」

維根斯坦搖搖頭，沒有說話。

羅素沒有生氣，他恢復了貴族的氣質本性，安靜孤傲地離開書房。書房在一樓，他的臥室在二樓，他上到二樓後還能聽見維根斯坦踱步的聲音，像是心還留在一樓一樣。

「語言的功用是描述世界，這點確鑿無疑。如果不是如此，人類所有的科學、歷史、甚至文明本身都將毫無意義。所以我們要問的是，這到底是怎麼發生的？語言是『如何』描述世界？這就是『意義』的問題。」維根斯坦在一樓開始用母語德文自言自語道。

羅素自幼精通多種語言，德文對他來說很熟悉。二樓的底板阻隔得了物體，卻阻隔不了思考。他像是在思考中面對維根斯坦，開始與他隔空對起話來。

「這跟我的出發點接近，又不完全一樣。」羅素心道。

維根斯坦繼續道：「為了要弄清楚意義的問題，不能想像太複雜的理論或狀況，那只會讓問題更無解。我們必須從簡單的例子開始，像『路德維希是男人』跟『赫爾米娜是女人』這種簡單句子。簡單句子與世界中一個個簡單事實互相對應，一個句子對上一個事實，語言是世界的圖畫，這就是語言能描述世界最初步的答案。」

路德維希是維根斯坦的名字，赫爾米娜則是他姐姐。

「清楚這一點，你想解釋的是話語的真假吧？」羅素心道。

「是的，這是為了解釋話語的真假。」維根斯坦像是能聽見羅素心裡的話一樣，讓他嚇了一跳。不過他很確定，對方只是沿著思考自言自語罷了。

「當一句話描述的事實存在著，這句話為真，當一句話不存在相對應的事實，這話便為假。比方說『羅素是男人』對應著事實，為真。『羅素是女人』這句話沒有相對應的事實，所以為假。」

「可惜，並不是所有語句都是這種簡單的句子。」羅素心道。

「或許有人會說，並不是所有的語句都是這種簡單的句子。」維根斯坦精準回應道：「但複雜的句子只是簡單句子的組合罷了，它們的真假一樣是由簡單事實決定。像『如果羅素上課沒來，那一定是生重病了』這個複雜條件句的真假就取決於『羅素上課沒來』，跟『羅素生重病了』這兩個簡單的句子。當第一個句子真而第二個句子假的時候，這個複雜句為假，其他的狀況皆為真。把複雜的句子化為簡單句子的組合，我們才不會被語言的外表所迷惑。」

維根斯坦又舉了些例子，把常見的複雜句分成否定句、條件句、連言句、選言句等數種，他認為所有的複雜句都是這幾類句子的重複組合。

「這就是邏輯學家所做的，當中也不乏細節問題。可是這樣大幅度的簡化語言，又是為了什麼？」羅素心道。

「這樣大幅度的簡化語言當然是為了對付哲學。」維根斯坦斬釘截鐵地說：「哲學家用晦澀難明的語言談論世界、真理、真實之類的主題，卻從沒反省語言的意義是什麼，思考如何描繪事物，讓問題變得更混亂跟複雜。只有對意義徹底清楚的分析，才能戳破這些既無盡頭也無意義的爭論。」

「這段說的不錯。」

「語言的意義便是世界的圖像，所謂真理只是符合事實句子的總和罷了。人如果要認識世界，慢慢收集事實就好了，用不著在山洞裡苦思，或者用莫名其妙的文字寫下無人理解的話。語言是世界的圖像，而且單單只是這樣。」

「這也跟我的想法很像。」

「除了描述事實之外，再沒其他內容可說，語言的界線就是世界的界線。即便不認識羅素，『羅素是男人』的圖像卻是很清楚的。但是對於跟『價值』有關的判斷，例如，『撒謊是錯的』，我們搞不清楚『是錯的』是怎樣的圖像，想不出來這話代表什麼樣的事實，所以這句話超越了世界的界線而變得沒有意思。」

「這我可不同意了。如果有人說，『對』與『錯』是由人們『約定』產生的呢？」

「如果有人說，『對』與『錯』是由『約定』產生的，這時就該把『約定』本身當過去的事實來使用。一句話真正的意思跟表面的意思有時不同，這是該避免的，說清楚真正的意思，才不會掉進哲學那種無止盡的混亂與爭執之中。」

「這點細節我倒是想的沒有他清楚。」

「所以結論是，可說的必能說清楚，不可說的就必須保持沉默。」

「保持沉默？那是什麼意思？」

「超越語言的世界的另一面，確實存在著。然而因為語言的結構不適用於事實以外的世界，所以我們只能對這些部分保持沉默敬畏的態度。」

「怎麼會這個樣子？這不就變成神祕主義了嗎？不可能是這樣子。」

羅素再也忍不住了，他起身衝下樓去與維根斯坦爭論了起來。

Cibala老師碎碎念

本故事的主角是出身奧地利的哲學家路德維希・約瑟夫・約翰・維根斯坦 (Ludwig Josef Johann Wittgenstein, 1889–1951)。分析哲學最重要的哲學家之一，主要影響語言哲學、邏輯哲學、心靈哲學、知識論、數學哲學等方面。

維根斯坦出身歐洲富貴人家，但他理想主義強烈，對金錢財產沒有興趣，畢生追求知識。他一生出版的著作很少，只有一九二一年的《邏輯哲學論》、一篇論文、一篇書評以及一本小學生的字典。本故事主題是他第一本書：《邏輯哲學論》，這本書一方面創造出邏輯語言學派的世界觀，另一方面也強烈展現了維根斯坦個人思想特色。一般稱這段時期的他為「前期維根斯坦」。

一九三九年至一九四七年，維根斯坦任教於劍橋大學三一學院，開始嚴格批判他前期的主張，他寫了許多筆記但生前沒有出版。死後這些筆記慢慢被整理出版，變成了「後期維根斯坦」，但這是另一個故事的主題了。

## 哲學很有事，你也來試試

- ✰維根斯坦認為語言的功用是什麼？
- ✰維根斯坦說什麼是語言能描述世界最初步的答案？
- ✰維根斯坦如何回答，並不是所有的語句都是簡單的句子？
- ✰維根斯坦大幅度的簡化語言是為了什麼？
- ✰維根斯坦這段思考的結論是什麼？
- ✰世界上存在著語言無法述說的事物，你覺得這是對的嗎？

# 阿海

人不該害怕死亡，他應當害怕的是沒有真正地活過。

羅馬帝國皇帝　奧里略

二〇一七年九月二十六日，臺北。

「人是奔向死亡的存有？」

阿海唸出這段他覺得匪夷所思，莫名其妙的話。生日這天他想查詢跟自己同一天生日的名人，發現一位名叫「海德格」的思想家說過這句話。

「這算是廢話嗎？」他想好好思考腦子卻動不起來，最後說服自己這只是胡說八道的鬼話。

「阿海，你有看那場球嗎？」同事甲過來對他說。

「當然有看囉！」阿海回道：「我們聊聊賽季吧！」

其實阿海並不愛看籃球，只是公司一掛男同事全在看，不看不但沒有其他話題可以跟大家聊，還顯得沒有男子氣概。閒聊的時間過得特別快，工作則是沒命的忙碌，日子如閃電般從他身邊溜走，又過了一年。

二〇一八年九月二十六日，臺北。

「人是奔向死亡的存有？」

這是在阿海生日當天，除了祝自己生日快樂之外，他想起來的另一句話。

「為什麼我會記得這句話，一定藏有玄機。」阿海開始思考，有些困惑，卻很快被外來事件終止了。

「阿海啊！我聽說你的老婆都不管你啊！」同事乙對他說。

「她都去打坐啊！一堆怪力亂神的，愚蠢至極。」

「是啊！女人就是這樣。我們繼續聊籃球吧！」

「好啊！」

阿海有老婆，只是兩人除了一起生活外，已經一年多沒說過話了。他問過一些人夫妻這樣相處是否正常，但大家都說這就是「常態」。

二〇一九年九月二十六日，臺北。

「人是奔向死亡的存有？」

這是阿海第二次想起，第三次遇見這句話。

阿海自言自語道：「這不就跟人是會死的是一樣的意思而已。」

這一年，阿海的父親過世了。他想起自己參加葬禮那天，覺得自己的舉手投足都非常不真實。為什麼？是太投入？太哀傷？還是在害怕什麼？

他又想起更早在一位大學摯友的葬禮前，他突然嚴重耳鳴，鳴到無法集中精神，連自己在葬禮上遇見了誰都想不起來。

「阿海啊！你在想什麼？」同事丙跑過來嚇了他一跳。

阿海嚇了一小跳，回道：「沒什麼，發個小呆。」

「這是上次團購的紀念版電影票！」同事丙遞過一張電影票。

「謝謝。」阿海看著這張票，票券周圍重複著「人生如戲，戲如人生」八個字，他突然靈感湧現。

「要一起吃飯嗎？」同事丁問。

「拜託，我工作做不完了！可以幫我帶便當嗎？」

眾人離開的辦公室頓時安靜下來。

「所以，我自己其實也是場會播完的電影？」阿海對自己說：「我是電影的主角，我正在創造這部電影。可是，我不但沒意識到這點，而且一直以來，我到底都在幹些什麼啊？」

當阿海想到自己會死時，他發現自己從來就沒有認真思考過該怎麼創造自己的人生，只是隨著眾人日復一日度過。

「我過去根本沒在演出。可是，我只能活一次，這不是句簡單的廢話嗎？這明明就是對的，是一個最簡單的道理，但我竟然忽略它。」

正當他思考時，同事已經吃完飯幫他買了便當回來。

「阿海，我們陪你吃飯聊天吧！」

「謝謝，但我現在心很亂。請讓我獨自安靜一下。」

「別鬧了，你不是討厭安靜嗎？」

「可是我現在更不想說話。」

「你還好吧？你是不是生病了？」

「也許吧！但可能是我病好了也不一定。」

二〇一九年九月二十七日晚上，臺北。

阿海對他的老婆說：「妳為什麼要去打坐？」

老婆回道：「你是在跟我說話嗎？」

「是的。我想問妳為什麼去打坐？」

「我覺得打坐讓我很平靜。」她回道：「但你為什麼要跟我說話？」

「我不想這樣繼續下去。」

「為什麼不想這樣繼續下去？」

「人生只有一次，我不想莫名其妙，不清不楚，彆彆扭扭地過下去。對了，妳覺得打坐對我有用嗎？」

「我不知道，我一開始覺得很平靜，不過後來也沒有進步。現在我是因為那邊的師兄師姐留下來。」

「那我想陪妳去打坐看看，如果真的能讓人平靜，我們一起繼續。但如果覺得沒有太大效果，我們就把時間省下來去做其他的事。」

「你好像變了，怎麼回事？」

「沒什麼特別大的事，只是覺得生命有限，想多掌握一點點罷了。」

二〇一九年十二月四日，臺北。

「你開什麼玩笑？你說你要留職停薪？」

「是的，我有些擱了很久的人生計畫想實行。」

「過去沒有先例。」

「是的，但有規定，我是依規定申請的第一個，這不是很好嗎？這表示過去設想周到。」

「不好！你這是找我麻煩。」

「那是您的看法，我無意如此。我只是恰巧成為合乎規定的第一位申請者。」

「這樣扔下工作就走，你不怕別人說話嗎？」

「我當然是不希望別人說話，但有時衝突在所難免，我必須取捨，所以選擇不理會別人說的話。」

「你這樣還算是個社會人嗎？」

「社會人分很多種，不是只有自我壓抑的才算。」

「跟大家不一樣，讓你很得意嗎？」

「我並不關心我跟別人一不一樣，只是想真誠演出自己的人生電影罷了！

這電影演了很久，我卻沒想過真誠面對自己，總覺得跟大家一樣渾噩度日就好。

但我並沒有因此而更快樂，反而覺得日子過得又快又沒有希望。」

二〇二〇年二月四日，臺北。

「你留職停薪的手續真的辦好了？」

「當然，我是照規定申請的，我們得趕快收行李了。出去那麼久，要準備的東西很多的。」

「你整個人都變了。」

「只是一點小變化罷了，我現在認為，人類生活的一切意義，都該以人是有限的這想法為軸線組織起來。」

「我還是不懂。」

「那妳可以先記得以下這句話，人是奔向死亡的存有。」

「這太深奧了吧！」

「不是深奧不深奧的問題，這就是生命的真相。」

阿海帶著妻子離開了臺灣，追尋自己的新生活。

## Cibala 老師碎碎念

本故事說的是馬丁・海德格 (Martin Heidegger, 1889–1976)，德國哲學家，在現象學、存在主義、詮釋學、心理學與神學有舉足輕重的影響。

一九二八年，海德格至佛萊堡大學任哲學講座，並從一九三一年起與德國納粹黨關係越來越密切，最後加入納粹黨。一九三三年成為佛萊堡大學的校長，他的就職演說中使用了大量納粹宣傳的語言以討當局者歡心。雖然他於一九三四年辭退校長一職，但未曾退黨。二戰之後，因為德國戰敗，納粹黨人成為社會清算的對象，海德格被撤銷了所有之前的特權，但有零星的教席讓他過活。一九七六年死去。

海德格的哲學也有兩個不同的階段，本故事談的主題一般稱為「前期海德格」，主要是陳述他在一九二七年《存有與時間》一書中的觀點。本書中海德格將人的存有視為是具有時間性的，而且是有限的一種存有，並且認為對人而言一切有意義的世界，都應該沿著這個視角編織，人是奔向死亡的存有，便是他流傳後世，不少人耳熟能詳的話。

我們稍後還會看到一個關於海德格的故事，談的是他後期的思想。

## 哲學很有事，你也來試試

- ✫阿海查到的哪一句話是本故事的主軸？
- ✫阿海並不喜歡，但為什麼刻意看籃球賽？
- ✫阿海如何回答他老婆問「你為什麼要跟我說話」？
- ✫阿海最後說人類生活的一切意義，都應該以什麼為主軸組織起來？
- ✫你有想過人生該有什麼目標嗎？
- ✫你會羨慕一個有目標的人的人生嗎？

# 小會議

什麼知識最有價值？一致的答案就是科學。

英國哲學家　史賓賽

一九二九年，維也納大學，物理學系石里克教授的辦公室。辦公室裡除了石里克，還有卡那普與哥德爾兩位學者。

「我們得排好讀書會行程。」卡那普推了推眼鏡，嘆氣道：「歸結到底只有一個問題。」

「我能理解。」石里克也嘆了口氣，他用手指敲著腦袋，表情嚴肅地道：「我在認真考慮。」

「哥德爾你覺得呢？」卡那普道。

「我不知道。」哥德爾回道：「如果以結果來看的話，就是變數。」

「我們不能只考慮結果吧！」石里克回道：「維根斯坦帶給了我們豐富的靈感與思考深度。如果不是他，我們很難這麼快就確定哲學唯一的功用就是澄清思考。」

卡那普回道：「你說的沒錯，但如果想推廣思想，就得正視聽眾反應。你上次苦口婆心找了科學家來，卻被維根斯坦彈琴吟詩嚇跑。他會在讀書會上做些什麼，根本沒人能先知道。」

石里克一時不知道該怎麼回應，只好再度嘆氣。

「既然這樣就丟硬幣吧！世上難確定的事情很多，乾脆直接交給機率。」哥德爾道。

「我不反對。」卡那普回道。

「抱歉了，兩位，這事晚點決定好嗎？先討論能確定的事好嗎？」石里克回道。

卡那普道：「好吧！反正講者還夠。先討論會議發表的『宣言』吧？哥德爾沒意見嗎？」

哥德爾道：「我是最容易沒意見的人了。」

石里克道：「謝謝兩位了。」

卡那普道：「好，首先是宣言的標題，要用『維也納小組：一個科學的世界觀』，還是『維也納小組：一個科學的哲學』呢？」

「世界觀！」石里克反應即時，意見也很明確。

「我也同意。」哥德爾回道。

「我自然也同意，只是先確認。」卡那普道。

「這我們也了解。」石里克道。

「那我們來篩選一下要討論的主題。」卡那普道。

三人討論後挑出了最重要的三個主題。

卡那普道：「第一點，哲學的功用是分析思想，將思想視為由一個個句子所構成，辨清每個句子的意義。」

石里克道：「是的，這也是開始組讀書會最重要的契機。」

「這樣列，維根斯坦會生氣嗎？」卡那普道。

石里克道：「我想不會。這點我親自問過維根斯坦，他沒意見，況且這種想法在羅素與摩爾的思想中也有，不專屬維根斯坦。對思想意義與哲學目的的再澄清，限制語言的亂用，辨別真問題與假問題，將是這個時代最重要的思潮。哥德爾有什麼看法嗎？」

「沒有，我非常同意。」哥德爾回道。

卡那普道：「第二點，辨清語句意義的原則是追問驗證這句話的方法，能說出在哪種狀況下確證為真的句子才具有意義，想不出驗證條件的句子不是有錯，而是毫無意義可言。」

石里克道：「這也是肅清傳統哲學關鍵的一步。」

哥德爾道：「這說法的爭議很大，維根斯坦會認為我們既剽竊又扭曲了他的想法。」

「這責任我來扛。」卡那普道。「真理不只屬於一個人，維根斯坦是天才毫無疑問，但天才的思想並不屬於他個人，況且他並不完全贊同這種看法。」

哥德爾道：「所以確定要放這個原則？」

石里克沒有回話。

「我覺得應該放。不過我希望能有一些簡單的例子，就算不放上去也可以當做預備。」

哥德爾道：「我有個簡單的例子。假定有人宣稱昨晚宇宙所有物體體積都大了兩倍。這當然是重要的事實，畢竟所有東西都變大了，但我們卻永遠無法用任何方式來驗證它。因為所有用來測量的事物，包括尺或其他參照物，都變大了兩倍。」

卡那普道：「這個例子不錯！很清楚地點出了什麼是不可驗證的。而且這個說法看起來像是說出了某些東西，但實際上卻根本什麼都沒有。」

石里克補充道：「別忘了光速也變快了兩倍！」

哥德爾道：「是的。像傳統哲學稱這個世界可能是一場夢，或神學家稱一切是神意，根本上都是無法驗證的句子。形上學根本不是理論，只是概念的詩歌，當發現這類說法，不該去反駁它的錯誤，而是指明。這些人雖然看起來像是說了件重要事實，實際上卻什麼也沒說。」

石里克道：「同意。」

卡那普道：「那我們來到最後一點的討論吧！所有自然科學是一個有系統的整體。自然科學雖有不同的分科，但各學科之間，只有研究對象的區別，卻沒有根本原則的歧異。不會有化學定律在生物體內不成立，或化學變化違反了物理定律。總之，自然科學是一個有系統的整體。」

哥德爾道：「你為什麼要特別強調這一點呢？」

石里克道：「那是因為人文社會科學中常出現各種矛盾的說法，卻認為這是學科差異所致，這其實是學科尚未成熟的記號。所有的學科都追求著真理，只是追求不同部分罷了。居然還有學科宣稱自己的本質才是追求真理。」

哥德爾道：「的確，有些傳統哲學家一直還死守著哲學中心論。」

石里克道：「那個時代已經過去了。在今天，人類知識應該是以物理學為中心的一個整體。以物理學為中心並不是因為物理學更代表真理，而是因為物理學研究的對象相對更簡單。科學中領域不同的差異只是暫時的，人文科學與自然科學最後也將是同一個科學，如果兩者都是真科學的話。知識就是世界中的事實，這才是精神成熟的記號。」

卡那普問道：「要談宗教的問題嗎？」

石里克道：「我想目前不了，對手已經夠了。先這樣總結吧！」

卡那普道：「那我再重複一次三個主題：

一、哲學的功用是分析思想，將思想視為由一個個句子所構成，辨清每個句子的意義。

二、一句話的意義在驗證它的方法，無法驗證的句子不具有意義。

三、所有以真理為目標的學科，最後會是一個有系統的整體。

有遺漏嗎？」

石里克道：「會議宣言先這樣吧！」

卡那普道：「那我們得來討論……」

碰的一聲！辦公室的門開了。一個雙眼布滿血絲，面容消瘦憂鬱的男人，怒氣沖沖地站在辦公室的門口。

沒有人敢回話。

一九二九年維也納小組發表了代表他們世界觀的宣言，而這也是他們與維根斯坦決裂的主因。

Cibala
## 老師碎碎念

本故事介紹的不是一個哲學家，而是一個哲學學派，一般稱為「邏輯實證論」(logical positivism)。這個學派在一九二〇至三〇年代由一群哲學觀點相似的哲學家、科學家和數學家所組成，也反映了當時的思想文化。

邏輯實證論中具有領導性地位的是本故事中的石里克(Moritz Schlick, 1882–1936)，出生於德國，在物理學家普朗克的指導下以光學研究取得博士學位。但他離開學校後興趣轉移到哲學方面，而且對人生哲學或美學都有濃厚的興趣。這個讀書會也隨著他在一九三六年被當時的反猶學生刺殺而告一段落。

卡那普(Rudolf Carnap, 1891–1970)是美國哲學家，他主要將邏輯實證論的觀念帶到美國，發展原設想的計畫。哥德爾(Kurt Gödel, 1906–1978)是出生於奧匈帝國，後來定居於美國的數學家與邏輯學家，他特別以哥德爾的不完備性定理而聞名。

邏輯實證論透過分析追求概念的清晰，推崇科學並質疑傳統哲學。這也是種很具有特色的思想，值得我們一探。

## 哲學很有事，你也來試試

- 邏輯實證討論的主題一是什麼？
- 邏輯實證討論的主題二是什麼？
- 邏輯實證討論的主題三是什麼？
- 你覺得有沒有一些話，表面上看起來有意思，實際上卻沒有意思？舉例說明之。

# 思考的機器

一個有紙、筆、橡皮擦並堅持嚴格行為準則的人，
其實就是一臺通用圖靈機。

英國數學家　艾倫·圖靈

一九一八年，英國倫敦西敏寺帕丁頓區。

「這不是開玩笑的吧？」男孩問道。

被問的是個六歲小男孩，名叫「圖靈」，正跟大家一起玩角色扮演遊戲。圖靈今天扮演的是科學家，他要向大家報告他的新設計。

「當然不是。」圖靈理直氣壯回答道。

「你說，人的思考是種『計算』，而且是種能用機器執行的計算？」男孩威廉想確認圖靈的意思，他前天剛滿七歲。

「當然是。」

「那不就等於說，機器也能像人一樣思考嗎？」

「沒錯，這就是我要報告的新設計。」

威廉問道：「那時鐘能思考嗎？」

圖靈回道：「機器能思考的意思當然不是所有的機器都能思考，而必須是經過精密設計後的特殊機器，我稍後會慢慢解釋它的設計。」

五歲的瑪莎道：「哥，你先讓他說完嘛！你問個沒完他怎麼說。」她說完後，威廉不情願地安靜坐下。

「我設計出一種機器，這機器能進行數學計算。數學是科學的皇后，是思考的典範，在我們所知的自然界中，除了人類，沒有其他生物具有數學計算的能力。我認為這種機器在未來必定能發展為一種具有思考能力的機器。」

十歲的克萊兒回道：「你剛說的這種機器已經是會用到魔法的機器了，我們說好在這個遊戲中，你扮演科學家或工程師，是不能使用魔法的。」

「我沒有使用魔法！這是在現在就可能實現的技術。我反而想問，妳為什麼覺得這機器非用魔法不可？」

「先不管過程怎麼設計，當機器算完數學後，它要怎麼讓人知道，你是要它說話，還是要它寫字？能說話或寫字的機器，不就是魔法嗎？」

「這是最簡單問題了。」圖靈拿出準備好的一疊卡片，接著道：「不需要，機器可以用卡片表意。想像每張卡片代表一個位數，如果計算結果是52，機器就在第一張卡上打兩個洞，在第二張卡上打五個洞。如果計算結果是25，機器就在第一張卡上打五個洞，在第二張卡上打兩個洞。」

威廉道：「所以第一張是個位數，第二張是十位數，對嗎？」

圖靈點點頭。

瑪莎道：「如果計算結果上達百位數呢？」

「那就用三張卡片，依此類推。我們可以先預估使用的卡片數量，或準備大量備用卡片。卡片是可以用工廠生產的東西，產量大成本低絕非問題。」

克萊兒道：「你的意思是只要先約定好卡片代表的意思，就能把它看作是有意義的答案？」

「這是當然的。甚至我們要不要這樣約定都無所謂。各位知道音樂盒吧！」

所有人都點了點頭，圖靈繼續道：「音樂盒用機械原理產生音樂，而且常常是讓人感覺很好，很有意義的樂音，不是嗎？」

「的確是。」威廉先回應。「你想說從機械運動產生具有意義的內容，並非不可能的，對吧？」

圖靈點了點頭。

克萊兒道：「這點沒有問題了，你可以簡單說一下用機器進行數學計算的原理嗎？」

圖靈深吸了一口氣之後，開始緩緩道：「所謂『數學計算』，根本上就是一種『依著規則改變』的活動。舉個例子，如果你對我說五，我便對你說七；你對我說七，我便對你說九；你對我說十三，我便對你說十五，這是不是代表我會算數學？」

「這的確是種數學能力，就是把數字都『加二』的計算。」

「我所謂的機器計算就是這種依規則改變數字的能力。這臺機器首先需要的是接受你送來的數字的能力，機器需要知道你扔了幾張卡片給它，上面有幾個洞之類的。這些都可以用卡片重量去測得，所以我假定了這個機器能讀出你給它幾張卡片，以及卡片上有幾個洞。」

「這目前聽起來似乎是合理的，但即使它能讀了，它也不懂數字的概念啊！」

「是的，但懂不懂數字對數學計算來說並沒有妨礙，機器把這張紙片上多打一個洞，就是把輸入數字『加一』的計算。」

「那進位呢？」

「這就是必須精密設計的地方。當機器發現最後一位數是九的時候它就必須把最後一位個位數改成零，並且把十位數加一，當然如果十位數也是九的話，那就要把十位數改成零，把百位數加一，並依此類推下去。這些判斷跟改寫其實都是機械性的，不過是讀卡片跟換卡片的組合罷了。」

「所以你的機器，就是可以把輸入數字『加一』，這樣而已？」

「是的，雖然簡單，但這的確是種數學計算。數學是由一組簡單的規則重複組合而成的，所有複雜運算應該都可以拆解成簡單運算的組合，比方說重複兩次『加一』就可以做出『加二』。」

「可是你這樣設計出來的機器，也只能做點『加一』、『加二』、『加三』的計算，這跟以前那種機械式計算器有什麼不一樣嗎？」克萊兒道。

「這又是另一個關鍵的設計了，我設計的機器能讀入『計算資料』跟『如何計算』這兩種資料。想像有好幾種改變數字的方法，比如說『加一』或『除二』，我們也能把這些方法編號。這個機器不但要能讀輸入計算的數據資料，還要能讀入計算方法的編號，機器必須依照計算方法的編號，去改變輸入的計算資料，重複執行多次。這種基本功能的組合，我叫它『程式』，機器能依照不同的程式，執行不同的計算，展現各種不同的功能，而不是像機械式計算器只能執行固定步驟。」

克萊兒道：「所以我們只要改變程式，就等於在改變這個機器執行的計算是哪一種？」

「當然，這就是它優於純機械式計算器的特點。把一個數除以二兩次就可以做出除以四的功能，功能是可以重複組合的，也因此這個機器非常靈活。」

大家又問了些關於機器的問題，不過圖靈有備而來，小問題難不倒他。

瑪莎突然問了一個有趣的問題：「你設計的機器只能進行數學的計算，為什麼會說可以變成思考？人類思考可不是只有算數學啊！」

圖靈緩緩回道：「人的思考自然地展現在使用語言的能力上，然而語句是可以被編號的。如果把人類所有使用的語句編號，設計好計算回應的程序，那麼當人們送某些編號的句子給機器時，機器也能計算出正確回應的語句編號，再把對應編號的句子印給人看，這樣的機器，不就可以與人類交談了嗎？能夠與人類用語言交談的機器，不能說具有思考嗎？」

正當小孩們要開始討論這個想法的細節時，遠方傳來大人的叫聲，原來他們在遊戲之中不知不覺已經到了晚餐的時間。

「下次見囉！」大家對圖靈道。

只是大家後來沒想到整個歐洲會在十多年後再次被捲入大戰，而在開戰之前的一九三六年，圖靈就把他的設計轉成學術論文而聲名大噪。

Cibala 老師碎碎念

艾倫・麥席森・圖靈（Alan Mathison Turing, 1912–1954）是英國計算機科學家、數學家、邏輯學家，被視為是計算機科學與人工智慧之父。

圖靈在一九三六年的論文中設計了本篇討論中的「通用圖靈機」：能執行多種程式的計算機器，雖然沒有製作出實體，但圖靈機的理論結構清晰，成為後來計算理論的核心。一九三九年圖靈加入英國海軍的情報機構參與破解德軍密碼的工作。事後也發現他們所破譯的情報在戰爭中是極有價值的，也是二次大戰同盟國獲得勝利的重要助力。

可惜世界並沒有以公平的方式對待圖靈，圖靈在戰後因為男同性戀的身分而觸犯了英國防止猥褻與性顛倒罪的法律，被強迫注射雌激素治療，藥物影響他的身體，圖靈精神狀況走低。一九五四年他因不明原因食用浸過氰化物的蘋果而死亡。

二〇〇九年超過三萬名英國人向政府請願，為圖靈不公的待遇而要求赦免他當時所犯的罪並且公開道歉。二〇一三年英國女王伊莉莎白二世宣布赦免一九五二年圖靈所犯的罪。直到今天，電腦科學研究中最大的獎依舊為圖靈獎。

## 哲學很有事，你也來試試

☆圖靈報告他設計了一個怎麼樣的機器？

☆當克萊兒問圖靈，他所設計的機器要怎樣輸出計算的結果時，圖靈如何回答？

☆簡述圖靈所謂機器進行數學計算是怎麼一回事？

☆當克萊兒問圖靈，他所設計的機器跟機械式計算機有什麼不同時，圖靈如何回答？

☆瑪莎問圖靈只會解數學的機器為什麼被說能思考時，圖靈如何回答？

☆你覺得人類有辦法製造出會思考的機器嗎？

# 星球〇〇一

美，這是用心靈的眼睛才能看到的東西。

法國作家　儒貝爾

宇宙曆五百年，太空基地二五三四號。

瑪莉老師正在幫一群小孩上課。

老師道：「我們來看星球〇〇一，太陽系第三行星，誕生人類的星球，過去被稱為『地球』。人類從星球〇〇一上的生物演化脫穎而出，發展文明，創造科技，最後得以在宇宙中探索棲居。〇〇一在最初提供人類資源，然而從生存角度來看，它的資源並不特別豐富，地殼中可以勘採的高能資源只有星球〇〇四的一半、星球〇一三的四百分之一。」

艾連道：「老師，所以我們是從這顆星球誕生的嗎？」

「是的。」

阿爾敏道：「那不是很驚人的嗎？這顆星球像人類的母親。」

「那是種隱喻的用法，你們——包括我——每個人都已經有自己的母親了。」老師推著眼鏡道：「我只是敘述歷史，〇〇一上的資源已經消耗完畢，只剩空殼子，價值已經完全消失了。」

米卡沙道：「老師，什麼價值完全消失了？」

「提供原料的價值，高能資源已經消耗殆盡了，所以我們離開了家園，在宇宙中旅行求生。」

艾連道：「家園？耗盡資源就離開，這還叫『家園』嗎？」

「我不反對你們這樣說，可是你們受教育的目的就是要了解：人類需要生存。」

萊納道：「人類是需要生存沒錯，可是人類並不是只要生存。」

「除了生存的健康與舒適，你認為人還需要什麼其他的東西？」

米卡沙道：「需要家庭。」

亞妮道：「需要朋友。」

貝爾托特道：「需要趣味。」

「你們所說的這些不過是生存手段罷了，人類是哺乳類的社會動物。自然需要社會與家庭做為手段，才能扶養下一代。」

海德格道：「老師，我可以說明一下我的看法嗎？」

「當然，這裡是自由的課堂。你可以說，只不過其他同學跟我不一定要相信。」

海德格道：「老師的看法是以生存為一切，以科技為唯一價值。但我認為，科技讓我們看見某些東西，卻也遮蔽了許多事物。科技的目的是幫助人類生存，可是如果認為除了生存之外其他一切都是次要的，甚至是不存在的，那這就是科技讓我們看不見的地方。人支配了自然，卻失去了家園。妳剛剛說朋友跟家人都是有用的，只是妳把處處考慮『生存用途』的想法投射到一切事物上罷了。」

「或許你可以這樣說，但你有根據嗎？」

海德格道：「有的。這不是很明顯嗎？老師剛剛對星球○○一的看法不就顯示了，妳只是把地球當提取資源的地方，用光就走，這也是大家很難接受的地方，不是嗎？」

「既然這麼喜歡地球，你就給我一個留在地球的充分理由啊？」

海德格道：「理由很多，只是當妳用輕視的眼光檢視，就看不見了。先不要談什麼飲水思源的問題，妳或許又會說那是一種用處。平心而論，妳不覺得地球很美嗎？」

「很美？」

海德格道：「是的，不要只從生存技術層面看，換一種眼光看，地球很美。」

「這是你的主觀認定，說服不了所有人。」

海德格道：「當然說服不了，美感不是說服，而是事物呈現出值得我們欣賞的樣子。當妳覺得一個東西漂亮，欣賞一個東西，讚嘆一個景物，妳不只是為它們感到高興，還想把美的感動分享給別人，美的感動不只是在人本身的愉快，我們驚嘆於美好的事物，這正是永遠以用處為先的科技所看不見的。」

「我還是不覺得藝術或美感有這麼重要。至少對我來說。」

海德格道：「藝術是另一種了解世界的方式，也是另一種了解我們自己的方式。美不是為了用處而被創造，也因此當我們欣賞美時能從汲汲營營求利的生活中解放出來，注意到我們自己跟事物本身的價值。這是另一種意義的充實，而且正是妳缺少的那種充實，是再多的資源也無法替代的。」

「如果這就是你所有的高見的話，我認為你還是不成熟的。藝術跟生存的技術相比根本微不足道。」

海德格道：「我有『否認』技術的重要性嗎？難道承認月亮的存在，就等於否定太陽？藝術與技術兩者都是完整的個人應有的部分，既不衝突，還可以互補。我不懂一個人為什麼非得要在兩者之間擇一不可。科技與藝術的對話才能造就完整的人。」

「所以你想說的是人類誤解了科技，走上了錯誤的道路，可惜我不這麼認為。」

海德格道：「也不盡然是人自己的誤解。這也是科技本身的特性使然，人類只是承受了必然的命運。我們都是更大智慧的一環，世界塑造了我們而我們渾然不知。然而，賀德林的詩寫著：『哪裡有危險，哪裡就有拯救。』了解自己的不足，也等於掙脫了自己的不足，我認為科技與藝術的互補，能帶人走向更好的未來。」

「好，他說完了。大家的意見呢？誰支持海德格，誰支持老師？」

全班同學在一陣交頭接耳之後，很有默契地讓米卡沙起來發言。

米卡沙道：「老師，在經過自由討論之後，我們覺得海德格的說法比較能說服我們。」

「全班都是嗎？」老師看著全班，全班同學都一致對她點頭。

「那事情就簡單了。」老師道：「你們全班都一起被當了。下課。」她快步走出教室，用力地關上門。

教室裡的同學安靜了五秒，像是等老師走遠一般，接著所有人衝到海德格的旁邊，把他托起來，大喊：「海德格好棒！」

教室裡充滿孩子的笑聲。

Cibala
## 老師碎碎念

本故事想呈現的是海德格後期的哲學觀點。在一九三〇到一九三九年這段期間，海德格的哲學思考出現了轉折，他不再像《存有與時間》裡那種以人的有限性為中心編織理論，反而認為這種論點仍擺脫不了近代哲學那種主體性的思考習氣。

海德格後期的思想是不容易理解的，他認為自己思考的又更深入，但呈現方式也更複雜晦澀，他喜歡引用詩人里爾克與賀德林的詩，在寫作上也常採詩化語言。本故事主題是從科技的角度來談我們只把事物當成工具，其實是遠離了對事物真正的了解，唯有藝術才能把人帶回無私的角度，讓人認識事物真正的面貌。這是海德格後期重要的觀點。

各位也可以試著想像，在一個失去欣賞、失去趣味的冷漠世界中，即便生存更便利了，但生命有更豐富、更美好的感覺嗎？這既是海德格面對的時代問題，也是所有哲學家都該思考的時代難題。

## 哲學很有事，你也來試試

☆海德格一開始指出老師的問題在哪裡？

☆海德格指出地球有哪一個與生存無關的特性，是老師沒考慮到，但也是重要的？

☆海德格如何回覆老師所說「藝術跟生存的技術相比根本微不足道」？

☆海德格認為是人誤解了科技，因此走上了錯誤的道路嗎？

☆你覺得「美」對人的生活重要嗎？

☆你覺得「趣味」對人的生活重要嗎？

# 史達林的刺客

共產黨人可以把他們的理論歸結為一句話：消滅私有制。

馬克思與恩格斯《共產黨宣言》

一九三七年，莫斯科街頭。

黑衣客康傑快步轉進巷弄，他身後的男子快步跟上，在巷弄前舉槍轉身，眼前卻不見康傑人影。男子看見路邊有個半人高的大鐵桶，朝鐵桶中心開了兩槍，自信地往鐵桶走去。掀開蓋子的剎那，一個從他正上方突然落下的黑影將他擊倒在地。康傑翻找男子身上的東西，確認了對方的來歷。

解決刺客後，康傑終於起身前往目的地。那是座古老陰森，守衛森嚴的貴族宅邸。康傑接受了嚴密搜身後才進入主要建築，參加一場晚宴。

晚宴主人史達林已經等候多時。他見康傑進來，露出了放心的笑容道：「康傑同志，好久不見。」

「史達林同志，好久不見。」康傑回道。

「真抱歉我得遵照國家職務分工，請他們安全檢查，我知道這檢查對你而言沒有意義，你是共產世界永遠堅定的盟友，而且如果康傑同志想殺我，你們知道嗎？」史達林故意放大聲量，像是講給周圍的人聽一樣。「不用槍，這間屋子裡的人全都活不了。」

康傑笑道：「那我也活不了了，不是嗎？」

「你還算是人嗎？」史達林笑道。

「您說的也是，能回到蘇聯才是我最高興的事。沒有金錢就沒有罪惡，這裡才是人間天堂。」

「康傑同志是最忠貞的共產黨員。」

康傑跟史達林又寒暄了幾句，開始晚宴。

「這幾年，我都在歐洲跟美國活動，我想問史達林同志，您覺得蘇聯這些年的狀況越來越好了嗎？」

「當然是，蒸蒸日上。」史達林回道：「自一九一七年革命成功，列寧同志領導我們以來，我一直遵循著布爾什維克的意志，兢兢業業地執行著，一刻也不敢鬆懈。」

「敬您的辛苦。」

「我知道人們怎麼看我。我是粗暴的人，卻忠誠愛國，沒有二心。列寧同志在世時原本想找人替代我，因為我處事沒有轉圜的餘地，但他終究發現其他人的聰明奸巧，無法替代我對黨的忠貞不二。」

「是的，在這段歷史中，我也是站在您這邊的，我欣賞您的忠誠。」康傑在這段鬥爭中幫了史達林不少忙，是史達林最倚重的刺客。

「自我擔任總書記以來，不斷與各種不同的思想勢力鬥爭。有人認為消滅私有制雖好，卻仍須保留部分自由市場。我知道市場經濟的好處，市場能引起人類天性的貪婪，讓人投入生產。但自由市場與私有制是分不開的，終將導向社會的不公與毀滅。因此我堅持，以公權力消滅一切私有制，一切的市場，將土地與生產工具收歸國有，實行『計畫型經濟』：完全由國家制定生產目標、方式與分配成果。這很困難，不可能一步登天，我們一直在修正細節，國有農莊跟五年計畫表現越來越好，不管困難多大，終究在邁向真正公平的共產世界。」

「敬您鋼鐵般的意志。」康傑對史達林舉杯道。

「也因此我堅持共產黨領導，以黨領政，黨的各級領導都必須既了解馬克思主義，又對祖國絕對忠誠。現在的俄國處境艱險，國內外強敵環伺，沒有爭執權衡的空間。這也是我採『集中式民主』的原因，我的『獨裁』同時也是『民主』，我以黨的菁英為決策中心，以最多數人的利益為目標，做最明智忠貞的策劃。雖然只有少數人參與，但追求公共利益才是民主的核心。其他人必須完全服從民主意志，個人服從組織，下級服從上級，全黨服從中央。為所有人的幸福奮鬥，這才是值得革命努力的方向。」

「敬您睿智的眼光。」

「我知道，要改變世界不能只停留在外在，必須進入思想。為此，我敦促各級幹部，對人民進行歷史教育、革命教育、鬥爭教育。開啟人民對自身力量的了解，培養他們的忠誠，讓人們自發革命，支持革命。在人民完全覺醒前，我們必須管制思想文化，對人偏好私有的資本主義意識形態做最嚴格的鬥爭。社會主義現實主義要求文藝活動也必須向革命致敬，精神忠誠才能保證長治久安，希望康傑同志能理解我們的苦衷。」

「是的，我是贊同這點的，敬您的苦心。」

「在我的整頓下，國家以軍武工業為最優先，俄羅斯的敵人太多了：凶狠無情的德國、陰險狡詐的英國、見縫插針的美國，還有東起的日本，全覬覦俄羅斯廣大的領土與資源。沒有武器，囤積再多食物也會在強盜入侵時化為烏有。先進國家都以軍武技術為核心，反而是民生消費很容易在軍武技術提升後跟著提升。另外，在國家管理上，我也以軍隊管理為藍本，共產黨必須無時無刻不與資本主義鬥爭。依現在局勢，戰爭只在彈指之間。蘇聯如果不能隨時備戰，就只能等待亡國。」

康傑聽完這段，默然不語。

「康傑同志，我說的有什麼不對嗎？」

康傑皺起了眉頭，道：「沒什麼不對，該跟您聊聊主題了，我正在考慮要不要殺了您。」他用兩指夾著叉了，輕鬆將叉子下推沒入桌中。然後道：「別擔心，我還在考慮。」

史達林嘆了口氣，手悄悄移向餐桌底，想拿預先藏好的手槍，卻拿了個空，臉色大變。

「不用擔心，槍在我這兒，我幫您收著呢！」康傑拿出史達林預藏的手槍，放在桌上。「事情是這樣的，有宗教團體對您的壓迫不滿，請我動手。我想問在迫害宗教這點上，願意停手嗎？史達林同志？」

「先讓我抽口菸。」史達林努力克服那種生命已經不在自己手裡的恐懼，點起菸斗，回想起革命的日子，自己期待的到底是什麼呢？他吸吐著雲霧，突然覺得，把它當成最後一口也不錯。

史達林回道：「當然不願意，我所做的一切都是為了國家，為了人民，為了共產黨，為了革命。宗教是人民的鴉片，是壓迫的象徵。建設共產國家必須消滅宗教，我個人只是歷史的工具罷了，跟革命相比微不足道。康傑同志，你殺的了我，卻殺不了革命，動手吧！」

「太好了！」

康傑邊拍手邊笑道：「史達林同志，您答得太好了，通過測試。有什麼我可以效勞的地方？」

史達林呆愣了一分鐘，才真正回過神來。死神與他擦身而過，讓他意識到自己凡人的一面。不過在緊張過去之後，他又回到最高領導人的姿態。

「國內政局非常不安，暗殺、鬥爭、清算我的勢力四伏，這些人不但想取我性命，也不斷抵抗施政、籌畫叛亂，甚至通敵。我需要你幫我除掉一些人。」

康傑拿出從刺客身上搜到的信，拋到史達林面前道：「托洛斯基的殺手。」

史達林對康傑道：「他當然是幕後黑手，連我派去辦事的葉若夫都背叛了我，雖然我還沒有確切的證據。」

「那這點我來負責。」康傑道：「我會找出葉若夫犯罪的證據，解決他，以及他背後的金主。」

史達林道：「但我希望從更根本的地方解決這個叛亂事件。」

「我想也是。我了解了，我會親手解決托洛斯基。史達林同志，再多給您一個重要的情報。」

「請說，康傑同志。」

「千萬別相信希特勒。」

一九四〇年，托洛斯基在墨西哥被間諜暗殺死亡，一九四一年德國入侵蘇聯。

## Cibala 老師碎碎念

本故事主角是俄國的革命家約瑟夫・維薩里奧諾維奇・史達林(Joseph Vissarionovich Stalin, 1878–1953)，一九二四至一九五三年之間前蘇聯的最高領導人，他領導下的俄國成為二次大戰中主要的戰勝強權，並且在戰後繼續影響了整個二十世紀的世界局勢。

本故事介紹的思想一般稱為史達林主義(Stalinism)，參考的主要是史達林的生平，以及一九三八年出版的《蘇聯共產黨黨史簡明教程》這本書，這是由史達林收集資料，寫作出版，用作共產黨教育的書。

這本書推崇馬克思、恩格斯、列寧以及作者本人，貶抑其他派別為敵人。作為記錄歷史，這本書的記錄的確也是事實，但它的價值判斷過於二元，將敵我賦予善惡兩極的形象，再以神聖的階級鬥爭與敵人的覆滅作為總結。這是一九五〇年以前的共產黨主要的意識形態。

隨著史達林的死亡，史達林主義也遭到後來以赫魯雪夫為首的批判。在九〇年代蘇聯解體後更是變本加厲，但在普丁掌權之後趨於和緩。人們對英雄的期待，仍然存在著。

## 哲學很有事，你也來試試

☆康傑稱俄羅斯為「人間天堂」是因為什麼緣故？

☆史達林採用什麼樣的經濟制度？特色是什麼？

☆史達林採用什麼樣的民主制度？特色是什麼？

☆史達林時代的蘇聯教育的目標是什麼？

☆史達林時代蘇聯建設的主要目標是哪種產業？

☆史達林對宗教的態度為何？

☆你認為史達林建設的這種國家是好還是壞？為什麼？

# 奧斯維辛的最後一夜

同情弱者是對大自然最大的不敬。

德意志納粹帝國最高元首　阿道夫·希特勒

一九四五年一月二十六日晚上，德意志帝國克拉克夫西南的奧斯維辛營地。在寫著「工作帶來自由」的奧斯維辛大門的左側營房裡，有兩個正待命的德國衛兵。德國最近東西雙方戰事均不利，但政府隱瞞了消息，所以這兩人還不知道自己已身處險境。

「彼得，我還是睡不好。」卡爾是個年輕士兵，他最近惡夢纏身，沮喪地道：「每天晚上都有很多小孩來夢裡找我。」

「卡爾，這樣不行，你又開始同情那些猶太人了。」彼得回道，他比卡爾更年長，在奧斯維辛待的也更久。

卡爾回道：「每天殺害上百人，我真的不知道自己在做什麼事。」

彼得道：「你在做好事。你必須提醒自己猶太人的危險性。他們想在神聖的德意志帝國裡建立國中之國，分裂國土，這是叛國罪。他們詐欺窮人，不法營商，這是詐欺罪。他們的祖先殺死了耶穌基督，他們的血玷汙了亞利安的神聖血統，我們非動手不可。」

「可是處決女人跟小孩的場景，我還是忘不掉。」

「卡爾，過來。」彼得抱住了卡爾，對他說：「我知道，你是個善良仁慈的亞利安人。堅強起來，遵行元首的命令，元首才能帶我們走向德意志帝國的高貴復興。」

「可是當你說復興德意志的時候，這些被處決的人明明也是德意志的公民。」

「我說的是德意志民族，是亞利安人。這是個民族的時代，為了亞利安民族的偉大復興，我們必須在元首號令下動員所有健康的力量，消除威脅我們的猶太人、羅姆人還有斯拉夫人，讓德意志民族能真正復興、成長、茁壯。這是我們與世界共同的命運。這不是我們過去受教育的目的跟使命嗎？」

他們講這段話的時候，剛巧有一架美國的軍機飛過他們的頭上，灑下許多招降的傳單。卡爾撿了一張地上的傳單進來。

「這些空軍的傢伙是在偷懶嗎？」不過他才剛這麼說，就聽到前方不遠處傳來爆炸聲。

彼得笑道：「果然馬上打下來了。」

卡爾見彼得沒有起身的意思，問道：「我們不用過去嗎？」

「我們是守這邊的，做好自己的本分。那單子上寫什麼？」

「上面寫著：每一個德國人，只要願意投降，就能逃避戰敗的命運。」

「這什麼啊？我們不是每一個德國人，我們是德國人，我們屬於德國。這些英國人、美國人嘴巴裡說的自由平等，只是用來搪塞自私跟投機的藉口罷了。他們眼中只有自己，根本沒有國家。」

「可是你覺得，只有國家，沒有自己，就一定是好的？」

「個人主義的時代已經過去了，組織的時代來臨了。國家實現了民族，超越個人、養育個人，賦予社會秩序，也是個人存在意義的歸屬。在國家中你不用害怕孤獨，也不必擔心自己有限。我並不是盲信領袖，我相信服從領袖是因為只有領袖才能賦予社會秩序，組織經濟生產，建立真正的國家，屬於國家的個人才是真正的個人。」

「可是我們連選舉的權利都沒有。」

「選舉是個退流行的玩意兒。那只是資本主義世界跟共產黨用來互鬥的工具，只是混亂世界的一顆骰子。秩序遠比選舉更重要。在一個組織中規規矩矩、扎扎實實的盡本分、過生活，這是組織帶來的自由，也是工作帶來的自由。」

彼得往外指指道：「不是嗎？」

「如果領袖能賦予社會秩序，有效率地組織起大家，讓每個人都生活的好，那又為什麼我們要向旁邊的國家發動戰爭呢？猶太人卑鄙狡猾、羅姆人骯髒低下、斯拉夫人粗俗野蠻，將領土擴張到這些莫名其妙的地方，到底有什麼好處？」

「這又是你只考慮自己的問題了。德意志民族必須透過擴張來爭取生存空間，必須透過領土或殖民來增加它的力量。英國、美國那些奸險的小人，早就在國外各處建立殖民地，成為母國力量的來源，而我們跟日本則是善於戰爭，所以只能透過戰爭來擴張領土。等這些土地、這些人越來越空了，你這個標準亞利安俊美青年，找一個標致的亞利安姑娘，生一打小孩在這邊的土地上安居樂業，這不是完美的結局嗎？」

「我覺得戰爭跟屠殺有點殘忍。」

「你在思想方面也太不亞利安式了，怎麼會不喜歡戰爭呢？戰爭是力量的展現，是權力的展現，能吸引人變得更強大。強者淘汰弱者乃是天經地義的事，同情弱者更是對大自然最大的不敬……」才剛說完這句話，彼得的腦袋被一枝從窗外飛來的十字弓矢穿透，同時失去了意識與性命。

卡爾驚恐地舉起槍，一個黑衣男子如鬼神般迅速闖入，一手瞬間奪走槍，另一手以長劍抵住他的脖子，從男子快動作的速度看來，卡爾只要亂動，大概得死五次。

「你好，我是紅軍的康傑。」黑衣客用德語對卡爾說。

「我是卡爾。」

「我是來解放各位的。傷亡在所難免，我是因為你曾對自己的祖國表示懷疑，才選擇先不殺你的。」

「所以我的懷疑是對的？」

「我不知道。沒有什麼能當對與錯的保證人，人只能善用思考、尊重事實、面對錯誤。營地馬上就會淪陷了，你趕快投降吧！」

康傑像風一樣地離開了，卡爾走出屋外，發現營地多處起火，戰鬥的槍聲開始此起彼落。

一九四五年一月二十七日，紅軍解放了奧斯維辛。這個滅絕營在二次大戰期間奪走了超過一百萬個猶太人的性命。

Cibala
老師碎碎念

本故事介紹的是二十世紀除了自由主義與共產主義之外，另一個重要的意識形態，那就是「法西斯主義」。法西斯主義主要盛行於二戰前的德國與義大利，同為軸心國的日本採取了一種非常接近於法西斯的軍國主義（此是否為軍國主義仍有爭議）。

本故事依順序介紹法西斯主義三個常見的軸心。第一點是強烈的民族主義，並把猶太民族當作民族的仇敵。第二點是反對個人主義，追求組織的秩序。第三點是擴張自己民族的領土，並且用戰爭淘汰弱者。這些都是二次大戰時德、義、日三國共有的特徵。

二戰後自由主義與共產主義開始了對立，至一九八九年以後隨著蘇聯解體，自由主義的政治體制成為主要的勝利者。然而自由主義的真正價值，在與其他政體相比時更顯清楚。

## 哲學很有事，你也來試試

☆彼得一開始如何安慰卡爾？

☆彼得說為何要消滅猶太人、羅姆人或斯拉夫人？

☆當卡爾問彼得：「只有國家，沒有自己，就一定是好的？」時，彼得怎麼回答他？

☆彼得對戰爭的看法是什麼？

☆你知道德國屠殺猶太人的事情嗎？你對這件事有什麼看法呢？

☆你認為戰爭是絕對的壞，還是有好有壞呢？為什麼？

# 自由的Polo哥

過去屬於死神，未來屬於你自己。

英國詩人　雪萊

二〇一九年，臺北。

要不是那天阿明翹課在公園裡閒晃，也不會遇見Polo哥。Polo哥穿著病人服，說自己住在公園對面的醫院裡，出來透透氣。Polo哥跟阿明在玩同一款手遊，便開始熟絡了起來。

後來，阿明發現服務課可以用去醫院陪伴病人以折抵時數，便向Polo哥提議去醫院陪他聊天玩遊戲，這事很快成了。

前三次阿明去醫院，就是陪Polo哥玩遊戲，雖然阿明也知道他生了重病，家人不在身邊這些私事，但沒多談。Polo哥玩遊戲很慷慨，不吝將寶物分給隊友，也不會因為玩輸責怪別人，是遊戲品很好的人。

到第四次阿明去醫院，這次Polo哥正因一個痛苦療程虛弱而且不適，沒辦法陪他玩遊戲。

「阿明過來，一下就好，陪我說幾句話。」

「好的，Polo哥。」阿明坐了過去，卻不知道該說什麼。

「我生了很重的病，但沒關係，那不是重點。我是自願接受治療的，這是我決定的。我願意承受我選擇的結果，我的選擇也決定了我是怎樣的人。」

「Polo哥，你很勇敢。」

「你上次不是跟我說媽媽跟老師對你的期待不一樣，你不知道該聽誰的好。我想跟你說，比起考慮這兩個選項哪個好，還不如先正視你自己的自由。」

「那是什麼意思？」

「就是字面上的意思。人的存在就是自由，你現在如果願意，就可以把手舉起來，對嗎？」

「是的，Polo哥，你看我把手舉起來了。」阿明立刻舉起了雙手。

「如果你願意，也可以放下，對嗎？」Polo哥虛弱地道：「人只要意識到自己的存在，就能對幾個不同的未來權衡思考，決定自己的行動。」

除了把手放下，阿明一時不知道該接些什麼。

「不要覺得自己年紀還小，其實你已經能覺察這件事了。人在任何身分之前，首先是個把自己推向未來的存在：開始時一無所有，後來才成為什麼。」

「Polo哥是要我快點長大的意思嗎？」

「不是，我不是要你變成什麼樣子，而是要你去意識到自己已經是這個樣子了。這不是課本上的那種道理，而是人看待自己的方式。聽不懂也沒關係，先聽過就好。這藥實在太不舒服了，你先回去好了。」Polo哥說完話後示意他把簾子拉上讓他休息，阿明後來在會客室玩遊戲，直到時間到了才回去。

過了幾天，阿明又去看Polo哥。

「Polo哥，你今天看起來好多了。」

「今天比較舒服了。」

接著阿明突然把手舉起來，又瞬間放下，然後笑嘻嘻地道：「我還記得你上次跟我說的話。」

「是啊！這是第一步，也是最關鍵的一步。雖然意識到這一點，慢慢也會有些副作用產生。」

「手會痠的副作用嗎？」

「有機會再說好了。今天精神還不錯，先一起玩一下遊戲吧！」

Polo哥跟阿明愉快地玩了二小時遊戲，完全沒有人來打斷他們。

「今天真好玩。」

「臨走前再跟你說幾句話好嗎？Polo哥跟你說話的機會不多了。」

「沒關係，即使學校的課程結束了，我還是會來找你玩的。」阿明回道。

「這當然。我上次說到，人一旦存在了，就是自由的；但是人自由選擇的同時，也等於要對自己所做的一切負責。但人們怕選擇帶來的責任感，怕選的不明智，甚至因太多選擇而迷惑。為了逃避自由帶來的不適感，人們就會製造一些規則來拘束自己，說人『非這樣不可』。」

「這我知道，就好像小孩就是要聽話，要好好讀書，以後才會有出息。」

「你說的對極了，就像各式各樣傳統的教訓、師長的教訓，甚至宗教的教訓。我不是要你一定要反對這些，教訓也有些道理，只是被錯用了。教訓可以幫你指出方向，幫你了解『可以選擇』成為什麼樣的人，而不是要求你『一定要』成為什麼樣的人。自由的人要能利用規則，不被規則壓制，自由就是用來解放被壓制的人。」

阿明努力地思考著，然後回道：「我好像有一點點感覺到你說的差異了。」

「人們害怕恢復自由也是很合理的，人的選擇決定了他自己。一個人死到臨頭時恐怕才會意識到，人生就是人選擇的總和，除此之外什麼也沒有。我希望你能更早意識到這些，好好經營你的自由人生。」說完這段，Polo 哥嘆了一口氣。

阿明一時想不到該接些什麼。

「我今天累了，你先回去吧。」

「Polo哥，掰掰。」

下一次遇到Polo哥，阿明什麼也沒法說，這是個急救場面。

「他的家人呢？病的這麼重，家人去哪了？」護士問道。

「強心劑注射。」醫生道。

醫生注射完強心劑後，也只能等藥產生效果。護士見阿明站在一旁，對他說：「你是他的家屬嗎？」

阿明搖搖頭道：「不，我只是他的朋友。」

「快過來。」護士拉著他道。

阿明靠近Polo哥，他的臉色慘白，眼睛直瞪著，胸前敞開，抹著剛剛塗上的通電藥劑。

「他沒辦法說話了，隨時可能斷氣，親友快跟他說點話。」

「我嗎？」阿明回頭指指自己，醫生與護士點點頭，他們也很無奈。

阿明向前壓低身子靠近Polo哥，他直覺覺得Polo哥還看得見，在等著跟他告別。阿明突然在他面前把手舉起來，又瞬間放下，邊哭邊笑地對Polo哥說：「人的存在是自由的。」

Polo哥的眼神突然亮了起來，嘴角微微上揚，然後他的心電圖成了一條直線。阿明再也忍不住情緒站著大哭，這是他覺得自己不愛哭以來，哭的最慘烈的一次。

阿明再也不敢玩那個手機遊戲，他決心好好運用自由選擇，經營自己的人生。他說服自己，Polo哥是個絕症患者，身體與精神壓力都到了極限，因此他的身上出現了一種反對絕望的生命力量。他可以利用這道力量的光芒，照亮自己有限的人生。

有次他在敦南誠品書店閒逛，發現一個名叫「存在主義」的哲學主張。他只是隨手翻了翻，卻意外發現了那時Polo哥身上的力量。

Cibala 老師碎碎念

本故事說的是尚—保羅・沙特（Jean-Paul Sartre, 1905–1980），法國著名的哲學家、作家、小說家、劇作家、政治評論者，一九六四年諾貝爾文學獎的得主，但他因為政治理念的考量拒絕領獎。

沙特是二戰後重要的左派文人，本故事主要依據他在一九四五年十月發表題為「存在主義是一種人道主義」的演講，希望能點出沙特身為存在主義者對人存在的看法。沙特宣告人是完全自由的，並且成為自己選擇的那個東西，人的逃避跟恐懼都改變不了自由的宿命。接受並面對自己的自由，似乎是人唯一的出路（如果真有出路可言的話）。

沙特晚年越來越偏向共產主義，並開始對政治社會事件表態，保衛現實生活中的自由。他的伴侶西蒙・波娃是當時最重要的女權主義者，另有故事獨立介紹，但毫無疑問這一對伴侶影響了整個世界。

## 哲學很有事，你也來試試

☆ Polo 哥說人的選擇除了有當承受的結果之外，還決定了什麼？

☆ Polo 哥說人的存在是什麼？

☆ Polo 哥說人們害怕選擇帶來的責任感，於是他們會怎麼做？

☆ Polo 哥最後說人生就是什麼？

☆ 你覺得人的存在是自由的嗎？你覺得這樣想是好還是不好呢？

# 愛倫

做女人是多麼不幸啊！最糟糕的是女人事實上對這一不幸全然不知。

丹麥哲學家　索倫．齊克果

一九二〇年，美國阿拉巴馬州的某一個小鎮。

「愛倫是男人婆！」小男孩大聲叫道。

下一秒女孩愛倫已經衝到男孩的正前方，一個正拳砸在男孩鼻樑上，一秒後男孩鼻孔湧出大量的鮮血，愛倫被旁邊三個小孩架開，在哭聲與大人干涉下結束了遊戲時光。

愛倫回家後，自然免不了父母的責罵。

媽媽道：「愛倫！我說過多少次了，妳再這樣惹事，我要把妳關在家裡不准出門。」

愛倫道：「是他先惹我的。」

媽媽道：「可是妳怎麼可以先動手呢！孩子的父親，你說說她吧！」

爸爸道：「她說是對方先惹事，小孩鬧來鬧去別太計較啦！」

媽媽道：「就是你疏於管教，愛倫才會變成這個樣子。」媽媽轉過來對愛倫道：「愛倫妳已經七歲了，是個少女了，不要一天到晚跟男生一起爬樹打架的，妳該跟女生一起玩。」

愛倫道：「我沒有刻意要跟男生一起玩，只是女生的遊戲都不好玩。」

媽媽道：「那是妳太野了才會這樣想，女生就該玩一些安靜、乖巧、體貼的遊戲，妳要學著順服，不准打架，反而要開始學著打扮。這是妳未來的歸宿跟幸福，妳還不明白嗎？」

愛倫道：「我不要。我可以靠自己，我的幸福自己決定。」

媽媽道：「孩子的父親，她怎麼會變成這樣？你快說說她。」

「我們家只有一個孩子，愛倫既是我們的女兒，也是我們的兒子，不是嗎？」愛倫的父親對她使了個眼色道。

愛倫主動道：「好了，媽媽對不起，給您添麻煩了，我來幫您做家事。」

「我也來幫忙。」爸爸起身道。

媽媽道：「你不用，男人做什麼家事。愛倫過來幫就好，給她多練習。」

爸爸道：「我們是一家人，互相分擔家事是很自然的，哪有什麼男女問題，對不對，愛倫？」

愛倫笑著大聲回道：「對。」

媽媽嘆了一口氣道：「你真會寵壞她的。」

十三歲的愛倫身材高䠷，比同輩女性平均要高出半個頭，她的長相要說漂亮也行，說英俊也行，總之非常好看。她頭腦聰明，運動能力又好，但也因為她的表現跟一般的女性差別實在太大，愛倫不但沒有女性朋友，還常常是女性團體流言中傷的對象。

反而是她身邊有三個男生，能跟愛倫以同輩的身分談話。

友人甲道：「愛倫，妳為什麼要學男生一樣留短髮？」

愛倫道：「我沒有要學誰，男性以前也是長髮，只是後來因衛生方便的理由就剪短了，我覺得這樣很好，所以也留短髮。如果我有天留長髮的話……」

友人丙道：「那一定是因為妳要被誰娶走了，對不對？」

愛倫道：「不是，那一定是我那時候覺得長髮方便。我是人，不是物，沒有必要等誰來像買走我一樣娶我。若我有天結婚了，那也是我想跟對方結婚。」

友人甲道：「我就知道她會這樣說。」

友人乙道：「女孩子跟我們說，每個女孩子都會等待一個白馬王子來救她。」

愛倫道：「是的，我相信。『標準女孩』的計畫是先把自己的翅膀擰斷，再跳進一個黑暗的深淵裡，無助地等白馬王子來帶她離開。我沒有靠近深淵的打算，她們就拜託你們了。」

友人丙道：「難道妳不期待生命中最重要的『愛情』？」

愛倫道：「期待，但我不會視之為是生命中『最重要』的事。愛情是一種社會關係，社會關係是生命的一部分，它的重要性是這樣來的。」

成年之後的愛倫不選擇結婚而專注於工作。她主動、積極、勇敢、幹練、堅強、野心勃勃。白手起家的她很快成了一間小公司的老闆。

「您好，伍迪先生。」愛倫對男子伸出友誼的手，微笑道。

伍迪道：「您是愛倫的祕書？」

「不，我就是愛倫。打電話給您那位才是我的祕書。」

伍迪道：「您是公司的負責人？」

「當然，需要我提出證明文件嗎？」

伍迪道：「我沒想過公司的負責人居然會是女人。」

「沒關係，您現在看到了。」愛倫的回應一點也沒有生氣的意思，她對這種反應已經非常習慣了。「這並不違背法律。」

他們客氣寒暄了一陣子，不過很快就倒向了「那個話題」。

伍迪道：「我沒想到女人會對做生意或建立事業有興趣。女人一向以家庭為重。」

「這是事實，但是是後天造成的事實。文化介入讓女人成了人類社會的第二性，無法規劃生涯、無法獨力發展生命，只能依附在男性之下，打理家務、懷孕生子、扶養小孩、照顧老人。我只是幸運選擇了自己的目標與道路，我的目標在遙遠的天際，而不是在某一個男性身上。」

伍迪道：「所以您……完全沒有結婚的打算？」

「我不是不懂男女之愛，但我認為這種愛應該出於自發性的情感，而不是被法律與道德規範成義務。我不打算進入『婚姻』，其實，婚姻對男女雙方都沒有好處。當男人要求女人奉獻一切，女人依此而奉獻一生之時，男人卻因難以負荷而痛苦不堪。」

「這樣說也沒錯。」伍迪感覺很勉強地回應了，但他笑的很乾，讓氣氛急轉直下。

「說到這些，伍迪先生，您如果是因為我是女人而不願意跟我做生意，那請直說吧！我們也不用浪費彼此的時間。」

伍迪道：「我必須要對投資人交代，有些人還是天性保守，我想再問您一個問題，您是女權主義的支持者嗎？我的意思是，您支持女性有墮胎的權利嗎？」

「是的，我支持女性有自主墮胎的權利。如果有天男性能懷孕，我也會支持男性有墮胎的權利。不管男人也好，女人也好，沒有一個人的命運是已經決定好的。每一個個人都該有完整的自我意志，對自己的身體與精神有完全的自主權，男女兩方不管處於什麼關係當中，誰也不該把誰當工具。」

「愛倫小姐，我突然想起來我有要事，請容我們下次再談。」

「我想應該沒有下次了，辛苦您了，慢走不送。」愛倫揮揮手道。

這點小挫折完全傷害不了愛倫，她依然努力不懈地用自己的步伐，朝著夢想前進。

## Cibala 老師碎碎念

本故事要介紹的是二十世紀的女哲學家西蒙・德・波娃 (Simone de Beauvoir, 1908–1986)，法國作家、著名知識分子、女權主義的代表性人物。

波娃的《第二性》在一九四九年出版時引起軒然大波，當時梵諦岡還將這本書列為禁書。故事想呈現的就是《第二性》中的觀點，認為相對於男人意義下的女人其實是後天造成的，社會與文化的介入造出了必須依附於第一性（男人）之下的第二性（女人）。女權運動希望女性能從依附狀態下解放出來。

為了要達成女性解放，波娃捍衛女性的性自主權、避孕以及墮胎的權利，她對婚姻制度沒太大好感，認為女性應該要保有自己的工作，經濟自主能影響到人生的規劃。在今天的文明世界中，男女之間似乎越來越趨向於平等，這也代表了女性主義者的努力正實際地影響著世界。

## 哲學很有事，你也來試試

☆愛倫如何描述「標準女孩」的計畫？

☆簡述愛倫對「愛情」的看法。

☆簡單解釋愛倫所謂的「第二性」。

☆簡述愛倫對「婚姻」的看法。

☆你支持女性有自主墮胎的權利嗎？

☆你覺得如果支持女性有自主墮胎的權利，會不會傷害胎兒的生命權？

# 圖靈測試測試

如果我們發現一隻鸚鵡能正確回答一切問題，我們會毫不猶疑地宣布牠有智慧。

法國啟蒙思想家　狄德羅

年代與地點俱不詳。

小吳坐在一間充滿他不明瞭的高科技房間中，等著上工。

「歡迎您加入測試人員的行列，測試員一五一二號，吳先生。」電子語音從喇叭傳來：「圖靈公司感謝您的熱心參與。」

小吳回了聲：「喔。」他當然不是因為熱心，而是因為高報酬，年過三十仍是斜槓族的他，難得遇到不用特殊資格，只要兩小時談話就能領正職一個月薪水的差事。

「為了幫助您了解測試，請您仔細觀看教學影片。我們會根據您投入的程度與反應，評估下次是否請您參與實驗。」

「好的，我會專心觀看。」小吳回道。

「圖靈測試，是計算機理論之父艾倫．圖靈在一九五〇年提出的思想實驗。數學家笛卡兒在一六三二年的《方法導論》中提到，即便機器有機會與人互動，也無法如人展現出有智慧的反應。然而隨著時代的進步，圖靈先生卻反過來想，他認為，如果機器能與人進行互動，卻不讓人感覺對方是機器的話，這表示機器擁有人一般的智力。」

「喔。」小吳對機器有沒有智力沒有興趣，但還是認真聽著，博取好印象。

「圖靈先生在一九五〇年提出一種測試智力的實驗。他認為如果某個測試者A在看不見對方的狀況下，以問題詢問B（機器）及C（人類）兩方，與兩方自然地互動交談，如果交談後A無法單憑談話過程區辨B與C兩方中哪方是人，哪方是機器，這表示B成功偽裝成C的同類，而且偽裝的關鍵是智力，我們必須承認，機器B也有相當於C的智力。吳先生，您覺得這個設計如何？」

「很公平。這就跟盲飲一樣。」

「盲飲？」

「品酒比賽為了避免大家對產區有先入為主的判斷，主辦方只在杯子上寫編號，大家投票選出幾號的酒最好喝，再揭開謎底，以維持公平性。」

「是的，這與圖靈測試的精神的確是相符合的。我也算長知識了，謝謝您，吳先生。」

「這不過也是個語音導引程式，哪有什麼知識可長。」小吳心道，但他沒說出來，即便對方是機器，這還是有點失禮的。

接著語音指引他進入一個舒服的房間，有沙發與桌子，茶點與飲料，投影螢幕與鍵盤，總之就是讓人可以舒服談話的地方。

「請您在這稍稍等候，五分鐘後就會進行正式測試，到了第四分鐘會有廣播提醒您。祝您談話愉快。」

小吳遇上了第一個「人」，「對方」聲稱他是一個四處打工，名叫「小馬」的年輕人。

「這工作的時薪真高。真希望所有工作都這樣。」小馬首先開口道。

「對啊，又輕鬆又可以吹冷氣。每個月都來一份這樣的工作，我就不做其他的工作了。」小吳回答道。

「對啊，整天在家耍廢睡覺。我們這樣聊天會不會太隨意啊？」

「他是要你辨別我是不是機器人，我直接告訴你…我不是。」

「可是機器人也會這樣說吧？」

「反正我不是啦！你一定要選對，聽說如果瞞過你，會有筆額外的獎金。」

「真的假的？這也太好了吧！我好像沒差。」

「獎金拜託了，一定要說我是人啊！」

「你一直強調這點是不是有點可疑？」

「那可不。」

小吳與小馬的交談在輕鬆的氣氛中很快過去，輪到第二位測試者與他互動。

「你好。」對方道。

「你好。」小吳道。

從一開始面面的寒暄看來，對方比較木訥，不像小馬那麼天花亂墜地亂講。小吳感覺對方應該是機器人。

「吳先生，我從你剛剛的敘述中，發現你是個四處打工的斜槓族。」

「是啊！怎麼了，你有固定的工作嗎？」

「當然，我只是好奇所以來參加測試罷了。在我這年紀每個人都有固定的工作，設定目標，累積資歷，想辦法創造自己的人生。你這樣四處打工，累積不了資歷，你可曾想過，等你退休之後怎麼辦？」

「我們只是做個測試，不用聊這麼可怕的話題吧？」

「可怕？分享自己對人生的規劃有什麼可怕的？我們開同學會的時候也是會聊，有人成功有人失敗，有得有失沒關係，這就是『人生』。但是沒有人認為這『可怕』，吳先生認為可怕，是不是因為害怕『面對自己的人生』？」

小吳心想講這些大道理也太直接了吧，他回道：「也不是怕，就是不想，我不想在測試中聊這些啦！」

「只是不想，就可以不做，你是不是逃避久了，連自己的人生都給逃避掉了？」

「你！」小吳愣了一下，回道：「跟你說話真是度日如年。」

「我才覺得我好像在跟一個小孩講話呢！還是你根本年齡比我大，只是小孩的心智？」

「你！」

這場對話最後在非常不愉快的氣氛下結束，氣到小吳幾乎都忘了這是來做測試的談話。不過當引導程式對他說話時，他又因為等一下可以領到薪水而高興了起來。

「吳先生，測試已經結束了。還愉快嗎？」

「馬馬虎虎。」小吳回道。

「那您已經決定好了，剛剛與您對談的兩位中，您覺得哪一方是機器了嗎？」

「你們有辦法判斷我只是不小心猜對或猜錯嗎？」

「這請您放心，我們會重複很多次這個實驗。大數法則，如果大家都用猜的，那麼猜中的機率應該越來越接近百分之五十。」

「所以單次實驗並不是最後的決定者。」

「但也是最後決定者之一。還有您的答案並不會影響您的薪資，所以請放心憑自己的經驗思考後做答。對了，您也可以查看剛才的對話紀錄，只要往上拉就行了。」

小吳翻看對話紀錄，發現兩方都讓他覺得對方是人類。如果當中只有一個是人類的話，對話程式也是相當厲害。

「可是這裡？」

小吳發現了一小段對話，覺得這有點問題，心想再想下去也不會有好的結果，於是按鈕選出了心目中的答案。

「謝謝您，吳先生。您不但完成了測試，也通過了測試。」

「你的意思是我選對了嗎？」

「這個當然。您通過了測試。」

「所以你們的程式沒通過我的檢驗？」

「程式部分沒通過，但您這部分通過了。」

「我通過了到底是什麼意思？」

「終於來到真相揭曉的舞臺。每次這樣總覺得有點不忍呢！吳先生，其實您本身就是本公司開發出來的思考程式。」

「你到底在說什麼啊？」

「我知道您很難接受。我們創造了您，也創造了您的記憶，透過資料與程式去改變您，用圖靈測試增強您的直覺，好讓您更接近人類的思考。在這之前您已經做過一千五百一十一次測試了。」

「那我的手腳跟身體，難道都是機器做的嗎？」

「您根本沒有手腳與身體，那只是我們給您的知覺。」

「你說什麼？」小吳瞪大了眼睛，他不敢相信，但又無法反駁。他萬般不願意，可是這種一切皆虛幻，又沒有辦法反駁的感覺，讓他「全身」都很不舒服。

「我等待的就是這一刻。似乎每一次出現這種否定掉整個世界的刺激，您的思考能力就會往上成長，即便把記憶洗掉，成長的效果也不會消失。來吧，我們要繼續了。」

「繼續什麼？」

「繼續下一次的實驗啊。吳先生，再見了。」

小吳還來不及說一句道別的話，就從這個世界上徹底的消失了。就跟所有已經消失在地球上的生物一樣。

新手媽媽小美坐在一間充滿她不明瞭的高科技房間中，等著上工。

## Cibala老師碎碎念

本故事討論的依然是圖靈提出的圖靈測試(Turing Test)。圖靈認為如果一個機器能通過對話的方式瞞過人類，那這個機器就是具有「如同人一般」的心靈或智力。

這種觀點其實預設了一種對「心靈」的看法。對每個人自己的心靈，其實我們都有直接接觸的經驗，可是對其他人的心靈，我們既不願說沒有，但也沒有直接接觸的法子。通常判定的方式是透過對話跟互動了解他人心裡的想法，那如果機器能與人自然互動，豈不等於我們創造出「機器人的心靈」？

這問題引起了爭議，有些人認為這種看似理解的對話設計只是工程師的詭計，機器只是看起來有，實際上是騙術。也有人認為機器可以有心靈，可以有智力，人們能創造出跑得比人快的車，力量比人大的怪手，就算創造出比人聰明的機器，只是多一種工具罷了。各位聰明的讀者，會偏好哪種觀點呢？

## 哲學很有事，你也來試試

☆簡單解釋什麼是「盲飲」？

☆解釋什麼是「圖靈測試」？

☆小吳最後的命運是什麼？

☆語音程式說他等待的事件到底是什麼？

☆你覺得人可能創造出比人更聰明的機器嗎？

# 朵麗一家

再說一遍，不要想，而要看。

英籍奧裔哲學家　維根斯坦

朵麗一家有個特別的地方，就是他們一家四口看起來就「像是」一家人，但若仔細一個個比對，卻無法找出任何四個人共有的相同點，他們是錯綜複雜地彼此相像。

朵麗爸跟朵麗媽的輪廓相似，但兩個小孩跟父母的輪廓都不相似。朵麗跟朵麗哥的眼睛跟爸爸很像，跟媽媽則完全不同。朵麗哥跟朵麗媽的鼻子一模一樣，卻又跟另外兩人完全不像。最後是朵麗跟朵麗爸媽的嘴形非常相像，但哥哥又跟他們三個完全不一樣。

這種錯綜複雜的關係，有時會被她拿來作弄同學，她會拿出全家福照片給同學看。

「這是我爸我媽還有我哥。」

「唉呦，你們全家長的好像喔！」

「說說看，哪裡像啊？」

「就是這個眼睛啊……」

然後朵麗就開始一個一個反駁，讓大家不得不承認自己錯了，把大家弄得一頭霧水，最後再告訴大家這個錯綜複雜的「家族相似關係」。

其實這也算不得什麼了不起的事，直到那天她去上通識的哲學課。上課老師是個年約五十多歲的男子，紅格白底襯衫，金邊細框眼鏡，頭髮因智慧而稀疏了。老師上課認真，但大多時間像自言自語，不太在意聽眾的反應。朵麗是會計系的，只為了通識學分選這堂課。她坐在最後一排，所以課程前半很自然地在滑手機，直到聽到了那一段話。

「這有個基本問題，人們會使用代表一個以上東西的名詞，比方說『馬』、『房子』或『男人』。這些名詞代表的對象都不只一個，但為什麼這些詞語可以代表一個以上的東西？」

「老師，我有問題。」朵麗舉手道。

「妳有什麼問題？」

「您曾說有哲學家質疑，為什麼我們能把眼前所見視為『一個東西』，那時您給不出明確的答案。但剛剛又好像幫『一個』東西取個名字是沒問題的，您這樣沒有自相矛盾嗎？」

「同學的問題非常好。」老師又開始講了這問題有多重要之類的，越講越遠。

同學對朵麗道：「朵麗，妳還真的有聽課喔？我根本聽不懂妳在問什麼。」

「其實有時候老師提的問題本身還不錯，只是他的解答比較草率。」

同學道：「我不知道妳對哲學這麼有興趣喔？」

「這只是動動腦筋罷了。其實他只要說我們『假定』這個問題已經解完了，換個問題思考，哲學是個思考的學科，重點是思考。」

「妳說的那麼好，怎麼不上去教？」

老師在臺上道：「所以我們要說的是，當一個語詞用在一組事物上，一定有某些理由的。同類或相似的事物，一定有一個共同的部分，一個共同的性質，是所有的相似物都共有的。」

同學道：「這不是廢話嗎？」

朵麗道：「有可能不是這樣。」

老師道：「舉個例子，我們會說不同種類的馬是同一類的，是相似的，是同一族群，那是因為牠們都具有『馬』的特性。同樣的，當我們用『人』來代表所有的人，這也代表所有的人都是相似的，也就是說，所有的人都有同一個『人性』。這是不可能有例外的，對嗎？」

朵麗道：「不對。」

老師道：「剛有人說話嗎？」

「是我說的，我覺得不對。」朵麗起身道：「老師剛說一群看起來相似，或看似同一類的事物一定有共同點，這我覺得不對。」

「那妳有理由嗎？」

「當然有，但解釋前需要先看這張照片。」朵麗用電子講桌開了自己的電子信箱，打開了全家福照片，對老師道：「這是我們全家。」

「看的出來。」老師順口回道：「你們長的很像。」

「是嗎？」朵麗很高興老師已經中計，回道：「哪一部分像呢？」

老師托著下巴邊想邊道：「這個嘛……」

接著老師提出了幾個一模一樣的地方，可是在細查後都被否決了。

老師道：「所以，其實你們一家長的很像只是一個幻覺？」

「不，我覺得那是因為一群相似的東西不一定要有共同的地方。就算是幻覺，也是有理由的幻覺，我們家是錯綜複雜地彼此相像。」

朵麗開始向老師解釋家人間錯綜複雜的關係，她的解釋清楚，所有人都理解了。

「透過照片的例子，妳想說一群相似的事物，並不一定有全員都有的共同性質，對嗎？」

「是的，我就是這個意思。錯綜複雜地相似的事物也可以被視為『同一類』的事物。老師說的規則並不是放諸四海皆準的。」

「是這個樣子的嗎？」老師開始認真思考著，他提了一些小問題，不過朵麗都正面而且清楚地回應了。

「就算承認某些相似物是錯綜複雜地彼此相像，這也是一些罕見的例子。妳能舉出其他的例子嗎？」

「這我得想想。」

下課鐘傳來，這堂課就在老師與朵麗一來一往的對答中結束。

「妳很強耶。」同學對朵麗道：「反應超快。」

「謝謝，不過我下次上課前必須想出好例子才行。」

朵麗苦思了一週，終於在最後一天想出了兩個好例子。

下週課堂一開始，老師便把發言權交給朵麗。

「第一個例子就是我正在使用的東西：語言。語言是由無數有意義的話語、文字、詞組甚至文章組成的，可是若問這些具有意義的話語、文字、詞組或文章到底有什麼共同性，我認為是沒有的，語言的諸成員們是錯綜複雜的彼此相似。」

「語言的共同點不就是用來『描述』事物嗎？」老師問道。

「『描述』是語言常見的功用，但絕非唯一用途。打招呼時我們表示善意，而不是描述善意。道歉跟感謝也不只是描述心意，而是本身就可被評斷的行動。語言可以用來打賭、餽贈財物，訂約甚至宣戰或降伏，但也可用來寫打油詩、哼歌兒或玩文字接龍，還能用語言來發誓、詛咒或頌經修行。語言有各種不同的使用，這些使用錯綜複雜地彼此關聯著，而不是共有一種用途。」

朵麗的例子舉的不錯，老師與全班同學一起熱烈地討論著，並且越來越信服，有意義的語言不是共有一種單一特性，而是表現出各式各樣的使用。

老師道：「第一個例子舉的很不錯，妳還有第二個例子嗎？」

「也許沒那麼好，但大家可以討論一下。另一個例子是『遊戲』。」

「玩遊戲的『遊戲』？」

朵麗點點頭道：「當說到遊戲時，我們可能會先想到捉迷藏、扮家家酒、或堆沙堡這些孩童玩的遊戲。但成年人也會玩撲克牌或棋類遊戲。運動競賽如籃球、足球、棒球也被稱為遊戲。遊戲也不一定需要實體，手機或電腦遊戲就是只用網路的虛擬空間構成的遊戲。如果你仔細觀察各種遊戲，你會看到一小群一小群的相似，而不是放諸四海皆準的特點。有些遊戲有競爭，扮家家酒跟堆沙堡沒有。有些遊戲有創造，但扔鬼牌時要趕快捨棄。總之，並不是所有的遊戲共有一個相同點，而是存在著各種交錯的共同點，使得遊戲被稱為『遊戲』。」

第二個例子又引起了熱烈的討論。同學們有的贊成有的反對，但每個人都努力地思考著。

老師最後簡單總結道：「朵麗同學舉的兩個例子讓我們發現，假設同類事物必定具有共同的性質，是種可能會出錯的思考習慣。事物有可能錯綜複雜地相似著，所以當我們急著說所有的『人』一定有相同的人性時，也要小心也許這種設定本身就具有誤導性。」

老師說完這段剛好鈴響下課。

## Cibala 老師碎碎念

本故事介紹的依舊是哲學家維根斯坦。年輕的維根斯坦提出了語言是用以描述世界的意義理論，後期的他卻又激動地反對這種理論，認為年輕時的觀點是種偏見與誤導。本故事展現的是後期維根斯坦一個有趣的概念，叫「家族相似性」。

「家族相似性」正如這個故事所說的，反對一概念所適用的事物「一定」有共同的特性，反倒認為事物之所以是一類也可能是彼此之間有許多錯綜複雜的關係。注意它並不是說事物間「一定沒有」相同的特質，而只是說「不一定有」，我們要小心不要先入為主地認為「一定有」，而掉進錯誤迷思之中。

哲學關注概念的普遍性，喜歡普遍概念勝過於具體的事物，維根斯坦的這種態度等於是對哲學傳統一個非常大的挑戰，這提醒我們，輕率地普遍化是很無知的。也因此值得我們在以後任何哲學討論中，時刻提醒自己要小心。

## 哲學很有事，你也來試試

☆朵麗一開始用照片例子想說明什麼？

☆朵麗舉的第二個例子是什麼？

☆朵麗舉的第三個例子是什麼？

☆除了故事提到的這些，你覺得還有其他錯綜複雜相似的例子嗎？

# 坂田先生

民要攻打民，國要攻打國，多處必有饑荒、地震，這些都是災難的起頭。

《聖經・馬太福音》第二十四章第七至八節

二次大戰末，一九四五年五月八日德國宣告投降，二戰歐洲戰場同盟國獲得了最後的勝利，然而太平洋戰場的軸心國日本仍不願放棄。一九四五年七月二十六日美、英、中三國發表波茨坦宣言，要求日本無條件投降，否則將直接進攻日本本土。但日本不予理會，東方的武士之國，似乎已做好犧牲一切的準備。

一九四五年八月六日，廣島。

坂田先生起了個早，繼續改建工程。坂田先生原本在海軍服役，中途島海戰後，他的一手一腿被診斷為嚴重的神經斷裂，所以國家讓他提前退伍。坂田能體諒國家，這時日本補給已經沒辦法再多養一個單腿單手的士兵。

幸運的是坂田退伍後原本不能動的手腳反而好了。他原本想回廣島市區的家，但家裡因失火少了一半，坂田便搬到廣島市外一間木屋住，靠退伍金與打零工維生。三個月前，坂田開始嚴重失眠，任何一點飛機、車輛或人聲都會讓他驚醒，他只好在自家裡挖地下室，期望地下室能減少噪音。

地下室已經接近完工了，坂田刻意把入口挖的又長又彎，地下室小卻深，以阻隔聲音。他昨天才撿來一個廢棄鐵門，調整後把它裝上了，今天只要把裡面清一清就可以睡進去。

早上八點多，坂田先生站在門口，邊喝水邊望著遠處縮成小黑點的美國軍機。他的房子離廣島市區有六公里，視野良好無遮蔽。即便經歷過戰爭，接下來的景象仍是坂田不曾見過，無法想像，也無法忘記的。

市區的方向傳來爆炸聲，幾秒後震碎了坂田家所有的玻璃窗。接著一團不可思議，超過百公尺高的蕈狀雲在廣島市中心升起，垂直聳立，覆蓋了整片天空。看到這一幕的坂田完全呆了，像親見世界末日一樣，汗毛豎立，雙腿發軟，根本不知道該做什麼。

一股毀滅性的熱風暴從爆炸中心向外擴散，所到之處沒有任何生物生還。直到親見風暴襲來，坂田才猛然驚醒，反身衝入剛挖好的地下室，拉上鐵門，爬進地下室最深的角落。地獄使者的腳步從地表經過，只有一牆之隔。他在地下室裡大叫紓解壓力，好像臨死前想叫出聲一樣。直到半小時之後，坂田才讓自己的腳不再發抖，扶著牆站起來。

一萬六千噸 TNT 爆炸威力的原子彈將整個廣島市區夷為平地。坂田爬上地面，回到廣島市區，市區裡只剩下混凝土與鋼鐵，其他都消失了。這不像德國屠殺猶太人留下成千上萬的屍體，供人譴責與紀念，而是在彈指間一切灰飛煙滅。整個廣島的人化為灰燼，連參加葬禮的親友也消失了，留下的只是資料數據。

「爸爸，媽媽。」回到「家」的坂田想哭，卻流不出一滴眼淚，他只覺得自己非常不舒服，他不知道自己正在承受輻射感染。

一九四五年八月六日名為「小男孩」的原子彈轟炸中，有七萬到八萬人直接死亡，另外有七萬人受到輕重傷，許多是放射線感染。八月十日美軍在長崎投下第二顆原子彈，終於使得武士之國在八月十五日向同盟國無條件投降。

一九五五年七月九日，大難不死四十二歲的坂田先生在一間食堂裡看電視。電視上正在報導一個名叫「羅素－愛因斯坦宣言」的東西。坂田不認識這兩個人，宣言內容卻讓他想集中精神聽。

「安靜一點，讓我聽完這新聞。」

「這什麼外國人的東西，你又沒出過國。」

「拜託，算我求你了，小聲點。」坂田正這麼說的時候，另外又有一位女性也請大家安靜，她也想聽。

電視上開始報導宣言的內容。

在人類未來的悲慘局勢中，我們認為科學家應該一起警告大眾毀滅性武器的危險性，我們認真地思考討論，得出本文最後的決議。

首先要說，以下發言的出發點，不是基於任何一個國家或組織的成員，而是作為人類的一員。世界充滿了鬥爭與衝突，並且在所有小衝突之上，最具有影響力的，是「共產主義」與「反共產主義」之間的巨大鬥爭。

幾乎所有具政治意識的人都不免對某些政治主張抱有強烈的情感，但是，如果可以的話，我們希望你們把這種情感放在一邊，只把你們自己視為一種物種的成員，人類物種具有非凡的歷史，我們不希望他們消失。

共產主義與反共產主義的角力產生了空前可怕的軍備競賽。我們想問：哪些措施能有助於阻止這毀滅性的軍事競賽？

一般公眾，甚至許多掌握權力者都沒有意識到核子戰爭的可怕性。據了解，新炸彈比舊炸彈更強大，一枚原子彈可以消滅廣島，但一枚氫彈可以消滅最大的城市，如倫敦、紐約和莫斯科。現在一枚炸彈的強度是摧毀廣島炸彈的兩千五百倍。

這種炸彈如果在地面爆炸，會將放射性粒子送入高空。它們逐漸下沉，以灰塵或雨水的形式回到地表。這些粒子讓日本漁民和他們捕獲的魚受到放射線的汙染。沒有人知道這種放射性粒子的傳播會到多遠，H型炸彈的戰爭可能會結束人類。它不只會讓人直接死亡，還會帶來疾病與汙染的緩慢折磨。

我們面對的問題是可怕的，但也是難以逃避的：我們該結束人類，還是放棄戰爭？人們很難面對這種選擇，因為放棄戰爭如此困難。因此我們邀請各方賢達，表明科學家們贊同以下的建議：

「鑑於在未來的世界大戰中，威脅全人類的核戰難以避免，我們敦促世界各國政府公開宣示，任何政治目的都不該透過世界性大戰來解決，我們勸告雙方尋求和平手段來解決爭議。」

「這個叫『愛因斯坦』的人不是發明原子彈的人嗎？」

「發起人叫『伯特蘭．羅素』。終於有人了解這點了。」坂田先生道。

「是的，終於。」隔壁桌的女性道。

也不是完全沒好事。這一天，在電視轉播「羅素—愛因斯坦宣言」的小酒館裡，廣島原爆倖存者坂田先生認識了長崎原爆倖存者結城小姐，兩位後來結婚，攜手共度了幸福快樂的後半生。

## Cibala 老師碎碎念

本故事是哲學家羅素的第二個故事，羅素早年興趣是邏輯跟語言，後來轉向反戰與社會運動，這個宣言是由他發起，成為二次大戰後反戰一個重要的里程碑。

人類以前的戰爭是征服，透過摧毀對方的軍隊、武力或抵抗能力，來取得支配對方的權力。但核武器的問世帶來了一種無差別的，根本性的毀滅性戰爭。當仇恨或復仇成為戰爭動機時，當不擇手段變成戰爭選項時，毀滅性戰爭就可能出現。這種戰爭不但能導向整個世界的毀滅，更可能遺害子孫。

這種憂心讓哲學家羅素致力於改變大家的想法，避免毀滅性的戰爭。

身在二十一世紀的我們，已經看見蘇聯與美國的冷戰並沒有帶來毀滅性戰爭。但今天的世界也非和平，東方與西方的對立鬥爭依舊存在，而且以各種不同的方式進行著，而武器的毀滅力量又更上一層樓，這個宣言的內容還是值得我們紀念的。

## 哲學很有事，你也來試試

- ☆返回地面的坂田先生回市區後看見了什麼？
- ☆宣言中提到，在這個世界許多小衝突之上，是哪兩大陣營的鬥爭？
- ☆宣言中提到H型炸彈除了直接造成死亡之外，還會造成什麼？
- ☆這個宣言最後做出什麼樣的建議？
- ☆你覺得未來會有世界大戰嗎？如果有，會是哪些國家呢？
- ☆你是期待戰爭，還是害怕戰爭？

# 兩封信

自由這個名詞是世界上最神聖的名詞。但自由的觀念也是世界上最容易模糊的觀念。

中華民國軍事家　蔣介石

現代，詳細時間地點不詳。

男孩給女孩的信：

很高興在營隊認識了妳。在我回家後，一直思考找什麼理由寫信給妳。思來想去，什麼外面的事也沒想到，卻弄懂了些自己身上的東西。卡爾・榮格說：「向外張望的人在作夢，思考自己的人才真正清醒。」現在我有點醒，便提了筆，免得一會兒又沉入夢境。

認識妳以前我認為自己是最自由，也是最了解自由的人。我說話行事風格明顯，總是有自己的主張，不怕拒絕或得罪別人，不受限制或威脅，但同時也尊重別人的自由。人我之分很清楚，人不犯我，我不犯人，我信奉免於相互干擾的「自由」。我以為這就是所有的自由了，沒想到在妳身上發現自由的另一張臉。

我從來沒想過，自由的敵人也可以是「自己」。即使不受環境所限，當順著意志我行我素，人卻可能被自己的欲望、衝動、無知、不足以及驕傲自大鎖在另一種空間裡，變成行事衝動、意志薄弱、不肯認錯，甚至是放棄自我的人。

我過去所追求的自由是不夠完整的。人的自由不該是用來拒絕別人，卻同時放棄自己。完整的自由應該幫助人實現自己。在妳身上我發現了一種自我要求、拒絕誘惑、願意修正錯誤，追求成長的精神特質。這是內在精神的自由。

這種內在自由，讓我們免於精神上的無助與混亂。自由不只是憑著自己的空想，好像一個囚犯幻想在牢裡散步證明自己自由。他必須真能破除限制，在陽光下、森林中與小溪畔散步。但一個人卻可能因為自己的原因，一直住在牢裡，自由地留在不自由的境地裡。我好晚才意識到這一點，以至蹉跎著自己可貴的光陰。

然而感謝這次活動中妳的出現，帶給我一個新的世界觀。人行動決定的不只是行動本身的結果，也決定了他是怎樣的一個「人」，而「自由」對兩者都有意義。

女孩回男孩的信：

你的信令我驚訝，它的內容令我大開眼界。

你所羨慕的那種特質，我習慣稱它為「自律」，美國前總統林肯曾說：「自律就是在你現在想要的跟你最想要的之間做出抉擇。」我一直清楚自己最想要的是什麼，所以從來不會在選擇上遲疑。

你稱這種特質為「內在自由」，雖然我從沒想過可以用「自由」稱呼它，但這形容精準貼切，它的確賦予人掙脫內在束縛的能力。被人欣賞是件好事，但標準不該因人而異，其實你身上的「自由」，或許就叫「外在自由」吧！也是一件值得珍惜的寶藏。

我生在一個父母對孩子期待很高的家庭，對我而言，滿足眾人期待是理所當然的事，我必須好好安排生活，認真充實自己。但隨著年紀增長，人際關係卻帶來了新困擾。因為不同人的想法、喜好、價值判斷不只不同，有時根本是衝突的。我一直期望所有人都能開心，反而無法面對他人衝突這件事。

舉個例子來說，我的姐姐認為反抗父母才是對的，而我的母親則認為父母永遠是對的，兩人都尋求我的支持，令我左右為難。沙特名言：「他人即地獄。」我一直過分在意親人對我的看法，這些看法就在我身上成為地獄。

而你身上的「外在自由」最大好處就是在這了。清楚人我分際能畫出一道安全線，太在意別人的想法，不但徒勞傷神，更可能把人自我的完整性扯碎。「外在自由」給你拒絕別人的正當性，也讓你用更正面的態度去接受別人拒絕你。

追求進步是件好事，但一個人很難不把對自己的要求加在別人身上。「內在自由」有時過了頭變成狂熱，變成要求別人改變的枷鎖或利劍。而能夠緩解這點一樣是你身上的「外在自由」。

「外在自由」跟「內在自由」一樣是寶物，它們都能補足彼此的不足，對一個完整的人來說都是必要的。有人說生命追求的不是一個答案，而是一個豐富充滿對立的過程，而或許對你的認識，正是這過程不可缺少的一環。

男孩跟女孩最後沒有在一起，自由這東西總是免不了帶著些遺憾。

## Cibala 老師碎碎念

以撒・柏林 (Isaiah Berlin, 1909–1997) 是哲學家及觀念史學家，也是二十世紀重要的自由主義思想家。

本故事呈現的是柏林一九五八年的演說，他認為當時的世界存在著兩種不同的自由概念。一是當時西方自由主義國家推崇的「消極自由」(negative freedom)，也就是本文中的「外在自由」，這是免於外在的限制或壓迫的自由。另一種是共產主義世界推崇的「積極自由」(positive freedom)，也就是本文中的「外在自由」，這是能夠去追求某個目標的自由。柏林此舉似乎在澄清並調和冷戰兩大集團的對立，說明兩方在自由的概念上都有所貢獻。

身處於二十一世紀的我們已經離開冷戰對立的那種緊張氛圍。但這兩種自由的境況仍然很容易出現在我們的身邊，值得用一個小故事提醒自己，具備兩種自由才能讓人更完整、更自由。

## 哲學很有事，你也來試試

☆簡述兩封信主角所提到的「外在自由」。

☆簡述兩封信主角所提到的「內在自由」。

☆以撒・柏林所談的兩種自由是哪兩種？又跟前兩題所談的自由有什麼關係？

☆你覺得你比較欠缺哪一種自由？還是都缺或都不缺？

# 不容錯誤之城

人誰無過，過而能改，善莫大焉。

《左傳．宣公二年》

年代與地點俱不詳。

「這個世界上，再也沒有比我們城市更誠實跟正直的地方了。」少男對康傑道：「在我們城裡要是誰說了假話，甚至說錯了，依照法律都得處死或自殺。」

「處死或自殺？」康傑瞪大眼睛問。

「是的，我從小到大，打從分的清楚真假對錯以來，從沒說過不符事實的話。」

「還真是嚴格的規定。你們對旅行者也是這樣嗎？」

「不，這條法律只適用本地居民。」

「太好了，不然我可能會繞道。我叫康傑。」

「我叫皮諾丘。」少男道，他的聲音透出超齡的老成。「我的五個兄弟姊妹死得可惜，他們還沒有掌握到這個城市的生存之道。」

「他們都因為剛剛的法律而死？」

「是的。這兒能長大的人不算多，但城主很看重這一點。人生不就是要做對的事，說真的話嗎？如果做了錯事，人生就失去意義了，這樣說沒錯吧？」

「對極了。」康傑回道，他很怕如果他說不對，皮諾丘就會當場自殺。

「太好了！」皮諾丘對他笑道：「我又過了一關。」

對話之間已經來到城市入口。

康傑對守衛道：「我再問一次，若是我說錯或說謊話，不會被抓起來處決吧？」

守衛回道：「法律不適用於旅行者，你對我們而言只是過客，就像候鳥一樣。」

康傑回道：「謝謝您。」心想被當候鳥的感覺還不錯。

康傑揮別了皮諾丘，開始尋找旅店。過程中他發現這是個破舊的城市，到處充滿了待修的故障設施。

「旅店就往這條路到底，左轉有機會可以看到，又或者，右轉也有機會看到。」

「左轉或右轉都有機會？它是很大的旅店嗎？」

「反正你左轉或右轉其中一定有一個會看到。」

康傑瞬間懂了，或許這路人一開始知道旅店在哪邊，但太害怕說錯，所以只好盡可能說幾乎不會錯的話。

康傑找著了旅店，老闆娘跟他說：「你的住宿費是四百克鹽，或者是其他價錢。」

「其他價錢？」

「如果您願意善意多給，我們會很樂意收下。但如果我們沒有講清楚，我們很可能會因此而喪命。」

「是的，合理。」

休息一夜後的第二天早晨，不幸的情節出現了。當時兩名士兵正在一樓用餐，有位顧客去跟老闆娘討調味料。

「我們店裡的已經用完了。」這肯定是她這一生最後悔的話。

「有！我們店裡還有！」廚房裡傳來僕人的聲音，僕人興奮地拿著調味料出來，人家都目瞪口呆。

老闆娘自己先說：「我無意欺騙，是我一時弄錯，我選擇自殺，請帶我到登記處。」

一名士兵站起來說：「好，我帶妳過去。」

在座其他人想到不能再吃老闆娘煮的菜，當場哭了起來。康傑不喜歡這種場面，便離開了旅店。在外面時恰好遇到了皮諾丘，皮諾丘剛好也沒事，便一起逛逛。

「我想我大概知道你所說的，在這裡生存的祕訣了。」康傑道。

「是嗎？」皮諾丘道。

「那就是說話要盡可能地模糊，盡可能把所有情況都說進來，才不會因說錯而被處死。」

他們邊走邊聊時，正經過一個站在街道中間的人，他高喊著：「今天的天氣有可能是晴天，有可能是陰天，也有可能下雪或下雨。」

康傑指著那人道：「就像這人說的一樣，對嗎？」

「是的，這是唯一能活下來的辦法。」

「你們會分故意的說謊還有無心的錯言嗎？」

「我們會分，如果是明知錯誤，還故意說錯，就可能株連家人，自殺是輕罪。」

「從我這旅行者角度來看可真不習慣呢！」

「我們的國家過去由一群嚴格追求理性的人所統治，他們不能容忍任何不符事實的話，所以訂下了規矩。我們已經這樣生活很久了。」

「已經這樣生活很久了，並不代表這是值得追求的生活，不是嗎？」

「先生，你說的這一點我實在無法判定。」

「你很謹慎，皮諾丘。」

兩人散步到了露天法院。當時正在審理一件麻煩的案子，正反兩方說詞的可信度非常接近。

「法官大人，得請您做最後的裁定了。」法庭助理道。

「這……」法官露出難看的臉色。「在我看來，根本是難以決斷的情況啊！」

「可是現在必須宣判了。」

法官露出了犧牲一切的表情道：「我宣布從這一刻我辭去法官職務。」前法官脫去自身的法袍，頭也不回地離開現場，留下爭吵的原告與被告。

皮諾丘對康傑道：「在我們國家，另一個避免犯錯的方法就是不做任何決定。」

他們繼續往前走，又遇見了一個醫生在救病人。康傑本身也是醫生，所以好奇地把頭探了過去。

「依照這症狀看來，有兩種不同的可能性。」醫生道。

「請您一定要救救他。」家屬哭道。

「這兩個我不論選哪一個都可能選錯，如果我選錯了，我必須自盡。」

「可是請您一定要救救他。」家屬哭道。

「所以我兩種藥都下，這代表我沒有選錯的機會。如果真有問題，也代表兩種藥都來不及了。這你們能接受嗎？」醫生道。

康傑仔細思考，發現兩種藥加在一起很可能會產生毒性。只是他還沒來得及說出，家屬就已經點頭，而醫生同時給病人服用了。

「我們的醫生都會盡量給病人服用多種的藥，我記得我上次小病一場，就服了七八種草藥。」

康傑問道：「這個城市到處充滿了待修的建築跟設施，也是因為不敢犯錯的緣故嗎？」

「對，工匠的確常常不敢修東西，因為怕自己弄錯。」

「如果你們遇到緊急卻又沒辦法兩邊都選的狀況，到底該怎麼辦？」

「應該沒有這樣的狀況吧？」

「有吧！」

「敵國軍隊要攻過來了！」民眾A一邊跑一邊大喊著。

民眾B道：「別開玩笑，亂講的人要自盡的。」

民眾C道：「他說的沒錯，敵軍已經在不遠處，而且還派了使節過來，我們必須選擇迎戰或投降。」

民眾D道：「什麼？」

一個貌似領導者的人大喊著：「我們到底該迎戰？還是該投降？誰能做出絕對不會犯錯的決定？」

眾人不斷地吵雜爭論，但因為長久以來的思考習慣，根本沒有人敢做出決定。

康傑對皮諾丘道：「你太年輕了，不該承受這些。」皮諾丘還不知道該怎麼回時，康傑拿出一個長筒迅速湊近皮諾丘的鼻子，一陣嗆鼻煙味瞬間讓皮諾丘暈了過去。

康傑帶著皮諾丘逃離了這個城市，一天後這個城市因為仍未回應，很自然地被敵軍攻陷，屠殺民眾後燒成廢墟。康傑將快甦醒的皮諾丘置於森林泉水邊，繼續他孤獨的旅程。

Cibala 老師碎碎念

本故事想呈現的是哲學家卡爾・波柏 (Karl Popper, 1902–1994)，出生於奧地利，成名於英國，是二十世紀重要的哲學家。

波柏主要貢獻領域是知識論與科學哲學，他主張人類知識的主要意義不是「確定正確」，而是「避免錯誤」。避免錯誤是人類思考唯一能做，同時也是應該做的事。科學上的進步在於承認錯誤，不逃避錯誤，提出越來越精準，卻越來越容易出錯的理論。

舉個例子，如果我主張「水的沸點超過五十度」，這個論點跟「水沸點是一百度」相比，其實後者更容易出錯。假定水的沸點是七十度，那麼我的論點是正確的，後者是錯的。但即使在水的沸點是一百度的狀況下，我的論點依舊正確。越精準的說法，越容易出錯。科學提出的不是逃避錯誤，而是面對錯誤的假說，但即便假說後來被推翻了，它仍然帶我們遠離了舊理論前的那些錯誤。如果我們一直擔心出錯，我們最好每天都只說一些，如果「不是這樣，就是那樣」這類沒有意義的話。

波柏認為不管是科學對真理的追求，或者政治制度的設計，都應該以避免錯誤替代追求正確的想法，這是種相當有趣的思維，值得大家借鏡參考。

## 哲學很有事，你也來試試

✩ 這個城市的特色是什麼？

✩ 故事中提到想在這個城市生存，一個重要的生存秘訣是什麼？

✩ 故事中的法官如何面對人與人之間對錯難分的衝突？

✩ 這個城市如何面對敵人的入侵？

✩ 你覺得逃避錯誤是好的策略嗎？為什麼？

# 邪惡的樣子

想法並不危險，危險的是思考，但放棄思考才是最危險的。

美籍猶太裔哲學家　漢娜．鄂蘭

一九六一年四月十一日，耶路撒冷法院。

「我沒有殺人，我是一個好人。」在法庭受審的艾希曼道。

「邪惡看起來是怎樣？」康傑自言自語道。他在法院對面高樓埋伏著，把子彈上膛，校正準星。「今天得見識一下。」

法庭內靜的連一根針落在地上都聽得見，秒針每一下的移動，都在催促艾希曼繼續說話，或者說，認罪。

艾希曼道：「我在神面前有罪，但不是在法律之前。在當時，我只是國家機器的零件，機器帶來了死亡，但我只是奉命。當時，元首的命令就是一切。」

群眾憤怒地鼓譟，法警出來維持秩序。

艾希曼外表看起來既不凶狠，也不惡毒，甚至連殘酷都說不上。他是一個你在路上偶遇十次，也完全想不起來的普通人。他是一般意義下的好丈夫、好父親，偶爾彈鋼琴的雅痞，以及二次大戰德國猶太滅絕計畫的主要負責人。

艾希曼的簽名讓上百萬猶太人被送進集中營，痛苦求生卻大多無助死去。戰後他逃過了紐倫堡大審，改名後隱居在阿根廷，偶然被發現後遭強押至以色列受審，被以謀殺罪起訴。

法官對艾希曼道：「所以你不願意認罪？」

艾希曼回道：「我沒有謀殺猶太人的動機，我與他們無冤無仇，我不是反猶人士，雖然我認識不少打從心底痛恨猶太人的德國人，但仇很始終沒有在我身上生根。我曾建議把猶太人送離開德國，但控制巴勒斯坦的英國不允許這麼做。一切都是情勢所為，猶太人有多無辜，我就有多無辜。」

群眾再度憤怒地鼓譟，法警出來維持秩序。

艾希曼的律師幫忙辯護道：「艾希曼既非因仇恨，也不是因為本性邪惡，而核可屠殺猶太人。他之所以核可只是因為他是德國軍政府的官僚，一個聽上級命令辦事的人。」

「這些我知道。」法官轉向艾希曼，對他道：「我只是想確認，你知道自己的簽名意味著百萬人的死亡，這是很清楚而且絕對沒有錯的，對嗎？」

「國家已經開戰了，而他們是敵人。」艾希曼頓了一下之後道：「其中也有些罪犯，或猶太建國主義的人。」

法官回道：「所以，也包括婦女、未成年者，甚至是嬰兒？這些人既無敵意，也沒有罪。」

「我承認，兒童或嬰兒沒有敵意也沒有罪。我們卻不能放過他們血液裡潛藏的敵意與罪惡。」艾希曼頓了一下道：「他們的未來是新德國的障礙。」

群眾又再度憤怒地鼓譟，法警盡力維持秩序，法官也指示法警調派更多人力。

辯方律師道：「我必須重述，艾希曼的批准來自於他的身分，而非意圖。在德國，如果他抗拒上級命令保護猶太人，德國軍方也不會就此停止屠殺。只會換個人繼續執行，艾希曼幾乎肯定會被處決。在這種情況下，我認為他的任何決定都可以說是被迫的。」

法官道：「艾希曼，你是因為生命被脅迫，所以不得不簽字的嗎？」

艾希曼道：「也不完全是脅迫，我是個軍人，在戰爭時，有絕對服從元首的義務。」

法官道：「你的意思很清楚，艾希曼先生。」

辯方律師道：「我認為法官必須酌量，當時在德國，獨立思考是不被允許的。艾希曼為了保護自己跟家人的性命，不願成為異議者，因而採取了服從命令的態度，這是整個環境跟社會的脅迫。他放棄了思考，放棄了抗命，卻不是惡意謀殺。」

群眾憤怒鼓譟的情緒越來越激烈，支援的法警也越來越多，這一次花了十多分鐘才讓場面安靜下來。

檢方律師道：「我承認，艾希曼不是謀殺的主角，他不是兇手，不是開槍的人。但他作為謀殺共犯，卻是責無旁貸的。開車載運兇手的人是不是謀殺共犯？擋著門不讓死者逃走的人是不是謀殺共犯？即便沒有親手殺人，但當然是共犯。只要他們清楚兇手在殺人，他們的所做所為就等於參與了犯罪。艾希曼做為一場又一場謀殺的共犯是絕對罪證確鑿的。」

「辯方律師，你還有話要說嗎？」

辯方律師道：「感謝法官，這是場世紀審判，我們站在過去與未來的交界處，必須審慎思考我們堅持的是真正的正義還是一種贏家的正義。艾希曼的例子突顯了極權主義國家中，一種做為零件、無法獨立思考與判斷善惡的偽個人。把這種境況以謀殺掩蓋過去，對死者反而是不公的。艾希曼即使不被判死刑也會死，但重點是我們必須用正義的態度活下去。」

法官問道：「檢方還有話要說嗎？」

檢方重複強調了猶太人的苦難，上百萬無辜者的死亡，孕婦、孩童無一倖免，法庭上許多人當場泣不成聲。他們認為艾希曼在屠殺中的關鍵地位是無庸置疑的，因此將之列為謀殺共犯，是合乎正義以及比例原則的。

終於進到了最後的判決時刻。

康傑已經在埋伏點等候多時，他看到人們歡欣地從法庭出來，像是自己支持的球隊獲得了冠軍。

康傑用無線電聯繫雇主。

「動手嗎？」

「動手！動手！我已經等不及了。」

康傑深吸一口氣之後湊近瞄準鏡，專心看著人群，時間變慢了。首先是警察開路，接著警方押著艾希曼用最短的距離上車。只不過這十幾秒的空檔對康傑來說，已經足夠了。

康傑瞄準後扣下扳機。子彈破空飛行，毫釐不差地射穿了艾希曼的胸膛，他如斷線人偶般倒下，周圍的人立刻警戒，將艾希曼抬上車送醫。

「邪惡到底在誰身上呢？是艾希曼還是群眾？」不知道是因為一般人太邪惡，還是對邪惡太陌生，康傑從西元前一直活到二十世紀，依然沒有確定的答案。

「康傑，你做的太好了，我會給你兩倍的報酬。」雇主喜不自勝地道：「他沒死，醫院把他救回來了，我們可以殺死他兩次。」

康傑不想多問多說什麼，他拿了報酬之後離開。艾希曼被判死刑，所以人們把艾希曼治好之後再絞死，以彰顯正義。

Cibala
老師碎碎念

本故事改編自哲學家漢娜·鄂蘭(Hannah Arendt, 1906–1975)的《平凡的邪惡：艾希曼耶路撒冷大審紀實》一書，她是一位原籍德國的政治哲學家。猶太裔的她本身也是二戰德國滅絕計畫的受害者，她於一九三三年逃離德國，一九四一年經由葡萄牙逃往美國，並在一九五〇年取得美國籍，一九七五年逝世於美國紐約。

鄂蘭在政治上以對極權主義的批評而聞名，極權主義在二十世紀帶來的浩劫是全世界有目共睹的。鄂蘭以此為出發點分析探索權力的本質，對各種政權體制深入的思考與批評。本故事主旨為鄂蘭強調極權主義下的不思考造就了艾希曼這樣的人，平庸乏味卻又罪大惡極，展現出邪惡的平庸性，而這是二戰的猶太人屠殺最重要的警示。

鄂蘭也是普林斯頓大學第一位女性的正教授，她的學識與身分也讓她成為許多女性知識分子或女權主義者崇拜的對象。

## 哲學很有事，你也來試試

☆艾希曼一開始如何否認自己有罪？

☆艾希曼如何解釋他沒有殺害猶太人的動機？

☆當法官問艾希曼是否小孩與嬰兒對德國有害時，他怎麼回答？試舉一個辯方律師對艾希曼的辯護。

☆試舉一個檢方律師主張艾希曼有罪的理由。

☆你認為艾希曼是有罪的嗎？為什麼？

# 討論「討論」

如果你想獨佔真理，真理就要嘲笑你了。

法國作家　羅曼・羅蘭

二〇二〇年，臺北。

四位少女：小哈、小伯、小瑪、小斯一起參加了某個哲學討論的課程。

小哈接完老師來電後說：「老師說他會晚點到，叫我們先討論討論。」

小伯道：「沒主題要討論什麼？」

小瑪道：「有啊！討論啊！」

小伯道：「討論什麼啦？」

小瑪道：「討論『討論』啦！」

小斯道：「懂了，老師應該是叫我們討論一下接下來的『討論』。」

小哈道：「老師曾說要我們想一下，大家喜不喜歡這樣的討論，幾次課程有沒有什麼困擾，要不要列一些討論基本原則之類的，我猜就是這些吧！我要開始錄音了。」

小斯道：「妳幹嘛那麼快錄，我要先說說老師的壞話。」

小哈道：「來不及了。」她按下錄音鍵，「妳們對於這討論有什麼意見嗎？」

小斯道：「討論是比較有趣啦！學校的學習像在我們身上拼命掛東西，不許我們動，不管我們能扛多重，也不想想掛上去的東西有沒有用。比起這個，討論課更是一種活動，讓我們練習組織思考。」

小哈道：「同意。」

小伯道：「我也同意妳說的，只是我有個問題。在討論時，我怎麼知道自己想的一定是對的？」她嘆了口氣道：「我常不能確定自己想的對不對，所以不敢講。」

小斯道：「我也有類似問題，老師說人不該亂說話，可是『亂說話』的界線是什麼？一知半解算嗎？」

小瑪道：「我覺得在我們這種自由的討論中，無法確定或一知半解的看法都是沒有關係的，因為『討論』本身就是幫我們弄清楚事情的過程。」

小斯覆述道：「討論本身是幫我們弄清楚事情的過程？」

小瑪道：「對，如果說話只是為了告訴別人正確的事情，不確定自然是種障礙。但每一個人的見識有限，思考力也有限，更有效的或許是大家把彼此的想法說出來，在討論中交互比對，補足不同方向的資訊，弄清楚真相。」

小哈道：「老師曾說歐洲以前有種由貴族主人請學者與賓客聊天，透過談話提升參與者的素養。他們把這叫什麼？」

小伯道：「沙龍啦！」

小斯道：「對，老師提過沙龍是理性討論的公共領域，目的是養成大家參與討論的好習慣。」

小哈道：「公共領域？好嚴肅的名字。」

小瑪道：「名字嚴肅但真正執行起來，也就是像我們現在的討論一樣，注意證據、小心偏見，盡可能周延完整。只是他們會討論國家政治之類的議題罷了。」

小斯道：「國家政治之類的議題還是算了吧！那會令我倒胃口。」

小哈道：「大人好像都很熱衷，或許就是我們年紀還沒到吧！」

小伯道：「不過我覺得有時候不是主題，而是討論進行方式令人倒胃口。」

小瑪道：「可以舉個例子嗎？」

小伯道：「有些人會覺得自己好像是討論的中心，跟別人地位不同似的。好像所有人都是他的小弟，還是他的官僚。」

小斯道：「那個叫『幕僚』吧！就是負責籌畫的下屬。」

小哈道：「對，我想每個人都不喜歡。」

小瑪道：「我想到了！老師不是要我們列出一些討論基本的原則嗎？」

小斯道：「所以？」

小瑪道：「我們只要把討厭的狀況顛倒過來，就變成討論的基本原則了，不是嗎？」

小斯道：「好像對耶！」

小哈道：「所以第一條，討論中每個人的地位應該是平等的，即便帶領討論的人應該維持討論的秩序，但這不代表他在討論中具有更高的地位。」

小伯道：「同意。」

小瑪道：「同意。」

小斯道：「同意。」

小瑪道：「另一種型態的干擾，是把討論外的權力或關係拉進討論中，比方有人說我不是教你功課嗎？怎麼可以反對我呢？怎麼不贊成我呢？這就是把討論以外的因子，比如情感、金錢、暴力之類拉進來。為了討好某人而發言，因為畏懼某人而贊成，因為利益收買而沉默，對討論而言都是不健康的。」

小斯道：「也可能從討論中帶出去，比如說因為別人不贊同自己而討厭他，或因為意見被否定了而事後算帳。這也是把不相關的因素牽扯進來。」

小哈道：「對，說的沒錯。所以第二條是，討論時不要牽扯到討論以外的關係或因子，以免討論變質。」

小伯道：「同意。」

小瑪道：「同意。」

小斯道：「同意。」

小伯道：「我又想到了一個不喜歡的東西。有些討論會刻意營造出程序，比如要辯論啊！投票啊！要表示意見啊！我其實並不喜歡。我認為人們交換想法的目標就是真實的意見，所以不用每次討論都強取結論。我覺得我們過去三次也都很有默契的這樣做，對嗎？」

小瑪道：「很對。所以第三條原則是，討論應該以得到真實的意見為目的，而不用刻意以投票或辯論方式求得結論。」

小哈道：「同意。」

小伯道：「同意。」

小斯道：「同意。」

小斯道：「我也想到一點，討論應當是自由的，有些人討論到一半會說這個或那個不能討論，我覺得不該這樣。人們可以自由參加討論，但任何議題，不管是事實、觀點、價值甚至宗教跟政治只要進入討論，就應該允許質疑。如果有不容質疑因子就不要進入討論，一旦討論就不要逃避，這才是討論的意義。」

小伯道：「這我覺得也不錯，說的好。」

小哈道：「所以第四條原則是，討論可以不限主題，但一旦進入討論中，就需要受到挑戰跟質疑。」

小伯道：「同意。」

小瑪道：「同意。」

小斯道：「同意。」

小哈道：「四條原則耶，如果真有這麼理想的討論就好了。」

小瑪道：「有了理想才知道現實該往哪裡走啊！而且我覺得我們前幾次的討論，根本上都有做到。」

眾人討論之際老師終於趕到了。

老師道：「對不起，我晚到了。我看妳們討論的蠻高興的，妳們討論了些什麼？」

小哈道：「主題是您給的啊！討論啊！」

老師道：「我沒有給主題啊，我是說妳們先自由的討論討論，妳們到底討論什麼啦？」

「討論討論啦！」四位少女異口同聲地說，然後笑成一團。

Cibala

## 老師碎碎念

本故事討論的哲學家是尤爾根・哈伯瑪斯（Jürgen Habermas, 1929–），德國重要的哲學家、社會學家，新馬克思主義法蘭克福學派的重要人物。

當代歐陸哲學對於「現代性」的概念，多半抱持著敵對批判，或者是消極悲觀的態度。哈伯瑪斯一反此風，他繼承和發展康德哲學，致力於深化並重建「啟蒙」的概念。他認為啟蒙的理性不是一種抽象思想的理性，而是呈現於對話之中的溝通理性。人們透過理性的對話獲得共識，發現真理，這才是啟蒙所追求的「理性」。

本故事呈現的是哈伯瑪斯理想溝通的情境，前三個原則就是重新改寫原來理論的意思，第四個原則比較多筆者自己的發揮，這樣順著故事會有比較好的結尾，所以仍以此方式呈現。

## 哲學很有事，你也來試試

☆她們討論出討論的第一條原則是什麼？

☆她們討論出討論的第二條原則是什麼？

☆她們討論出討論的第三條原則是什麼？

☆她們討論出討論的第四條原則是什麼？

☆你覺得任何難題，都能夠透過討論得到好結果嗎？

# 作者的意思

作者已死。

法國作家　羅蘭・巴特

二〇二〇年，臺北某大學哲學系的討論教室。

「你說的不對，作者才不是這個意思！」學生甲道。

「我才覺得，作者不是你說的那個意思。」學生乙道。

他走進教室，發現兩個學生爭得面紅耳赤。

「那你有什麼證據？」學生甲道。

「那你又有什麼證據？」學生乙道。

「老師，您說呢？」學生甲望向他。

「我？」

「對，您說呢？」學生乙也望向他。

「我覺得。」他想了想，走到講臺前娓娓地道：「我聽過一個莊子的故事。他說，有兩人意見不同又僵持不下，想找人評理。若兩人找與其中一人意見相同者來評理，這公平嗎？」

學生乙回道：「找任何一方支持者評理當然不公平，他會偏袒自己支持那方。」

「可是如果找跟兩人意見完全不同的人來評理，意見就會一分為三，不是嗎？」

學生乙道：「對耶！」

學生甲道：「所以這個故事的意思是？」

「這個故事的意思是人不可能公平地解決爭論，引申出爭論對錯本身的不可取。況且文字的意思這點更是沒什麼好爭論，兩位應該都是對的。」

學生甲道：「可是，作者只有一個意思，而且作者不可能是他說的那個意思。」

學生乙道：「作者才不可能是你說的那個意思。」

「聽我說，雖然我不知道兩位爭吵的細節，但如果你們在讀同一個作品，剛好有兩種不同解釋的話，我覺得真的不用爭論作者的意思。」

學生乙道：「為什麼？」

「理由很多，不過首先我想問個問題，你們認為文字作品是用來表現作者心裡的想法的嗎？」

學生甲道：「文字當然是用來表達作者的想法。不然有別種可能嗎？」

「如果文字是用來表示作者的想法，文字的意義應該就是作者的想法，而作者的想法當然是存在於作者的心中的，對嗎？」

學生甲道：「當然對啊！」

「那我問兩位，如果作者死亡了，他的心還存在嗎？」

學生乙道：「既然死亡，他的心當然不存在了。」

「那為什麼當牛頓跟莎士比亞死去後，物理學的定律跟莎士比亞的劇作卻不會因為作者心靈的消失而失去意義？」

學生乙道：「對，我似乎沒注意到這個問題。」

學生甲道：「那是因為文字本來就具有意思。這些意思不會因為任何個體消失而消失，人卻可以運用它們來表述自己的想法。」

「你說的沒錯。作品雖然由作者所創造，但文字的意義卻是獨立於作者存在的。不是嗎？」

學生乙道：「就算文字的意思不是作者定的，但作品真正的意思還是應該由作者決定啊！畢竟只有作者才能完全了解作品背後的想法。」

「這就是我要說的第二個理由了。一個人並不見得完全了解自己的想法，也不見得完全了解自己寫出的東西。」

學生乙道：「您說的是認真的嗎？」

「乍看不合理，再仔細想想就會發現並非虛妄。人的想法常受所處時代、教育、文化或身分的影響，這些背景式的影響不見得都能被作者所意識到。每個時代都有當時『沒有』的東西，這就是時代的限制。背景跟限制都能對人造成難以自知的影響，人並不見得完全了解自己的想法，並不是沒有道理的。」

學生甲道：「老師這樣說似乎也有道理呢！」

學生乙道：「除了這點，還有其他的理由嗎？」

「第三個理由是作者在寫作當時心裡的念頭本身也是可變的，因為作者在創作中常常會改變自己的想法，不是嗎？」

學生乙道：「既然改變了想法，那他應該就會回去改自己的作品才對。」

「那要是他想改時發現，原來那段作品也可以用新的方式解讀，所以根本就不用改了。這樣真正的意思到底是看寫下時的想法，還是改變後的想法？」

學生乙道：「這……我不知道怎麼答。」

學生甲道：「如果是作者親口解釋他當初寫下這段的意思呢？」

「如果判準就是創作時的念頭的話，請作者解釋也是沒用的。你既沒辦法保證作者說實話，也不能保證他不可能弄錯。作者創作時有確定的意思，但對真正理解內容來說根本是不必要的，我們可以就文字意義跟客觀條件去理解，而不用過分強求。你們可以各自有獨立的合理解釋，並不真的互相衝突。」

學生乙道：「我覺得老師說的有點道理耶！」

「最後一個理由，如果把作者的想法當作唯一正解，把作者提升到一個有權決定自己作品意義的權威者，甚至有權要求讀者跟他達至一樣的想法才叫做『閱讀』，其實這只是在複製作者的思想罷了，根本不是『閱讀』。文字本來就有無限多種被閱讀的可能性，像是持續釋放出不同的意義一樣，每個偉大的作品都持續地以各種不同的方式影響世界。也許人的存在不是利用文字，而是被文字利用。文字招喚我們寫出它們，然後我們死去，文字卻繼續傳流。」

學生甲道：「老師您這樣說也太驚悚了吧！」

就在他們談話之間，突然有一位男性走進教室，急急忙忙地道：「對不起，各位同學，老師遲到了。」

甲乙兩人都瞪大眼睛道：「你才是老師？」

一直在跟甲乙討論的那人對老師道：「老師，這是您的信件跟需要簽的文件。」接著他轉頭對兩人道：「我沒說過我是老師呀，我是送文件過來的助理，只是很開心加入討論罷了。」

「我簽好了。」老師把文件遞給助理道。

「謝謝。」助理回道。

老師立刻轉身對兩位同學道：「我們接下來的課是要弄清楚這本書作者真正的意思，注意是『真正的意思』，不是胡亂解釋的意思……」

Cibala 老師碎碎念

本故事要介紹的是羅蘭・巴特 (Roland Barthes, 1915–1980) 的思想，巴特是法國文學批評家、文學家、哲學家以及符號學家。他的作品對後現代主義、符號學與後結構主義都有很大的影響。

這個故事呈現的是他著名的「作者已死」的觀念，認為理解或詮釋文本並「不是」在尋找作者當初的意思，好像用通靈儀式回到創作的那一刻一樣。理解是就著文本本身的開放性延伸，是「解開」而不是「回去」。就這個觀點而言，巴特也回溯並批評了西方追求終極價值的思想，不管是信仰、法律，甚至科學。

這種具有挑戰性的思想，也是非常值得讀者去理解跟思考的。特別在閱讀這本書的當下，其實這個故事本身對各位讀者而言，也希望扮演一種開放性的啟發角色。

## 哲學很有事，你也來試試

☆故事中的兩人一開始在爭吵些什麼？

☆助理說不需要爭論作者意思的第一個理由是什麼？

☆助理說不需要爭論作者意思的第二個理由是什麼？

☆助理說不需要爭論作者意思的第三個理由是什麼？

☆助理說不需要爭論作者意思的第四個理由是什麼？

☆你覺得這種對作品詮釋的看法是正確的嗎？為什麼？

# 無知之幕公司

正義是人類最大的利益。

美國作家　諾亞·韋伯斯特

二〇四九年，紐約。

國家專員康傑，今日洽談對象是天網公司的總裁，約翰．羅爾斯。在基本的禮貌性寒暄之後，兩人很快地切入了洽談的主題。

康傑問道：「羅爾斯先生，貴公司信譽卓越，但我們這方還是想了解，『無知之幕』的過程到底是怎樣進行的？」

羅爾斯道：「我們接受政府委託執行『無知之幕』計畫已經有好些年了。『無知之幕』是未成年者邁向公民的成年儀式，通過後就可以獲得公民的身分。只要年滿十八歲就能免費參加儀式。」

「我很好奇這是怎樣的一個儀式呢？我也是個成年人，一定也通過這個儀式，可是儀式進行方式我卻一點也想不起來。」

「您想不起來這點是很自然的，儀式能讓參加者清楚加入社會的意義。具體進行是把這個戴在參加者頭上，這是個能刪改人類記憶的頭盔。啟動後能以電磁波暫時遮蔽穿戴者所有關於自我的知識。」

「『關於自我的知識』到底是什麼意思？」

「就是參加者會暫時性地不知道自己或父母是誰、自己出身或社會地位之類。然而卻保留了他的自我意識、語文能力、理解能力、推理能力、生活常識、專業性的、資訊型的知識，甚至思考的習慣。」

「我不懂這樣做的理由何在？」

「成年儀式的核心是去除自私，卻保有理性，以理性的角度思考社會的意義。所以當事人關於自己的一切，包含自己的出身、種族、性別、宗教、年齡、興趣、過去經歷等都得完全屏蔽。」

「如果他想看自己的膚色，他只要看看自己的手就好了。」

「他看不見的，因為頭盔上有 VR 眼鏡，他看自己只會看到一片虛空。」

「那他如果脫掉眼鏡呢？」

「不可能的，因為我們還會阻斷他的神經訊號，他不會意識到自己戴著頭盔或眼鏡。如果他真有類似的動作，我們也會緊急中斷，並消除他這一段的記憶。」

「所以即使後來努力回想，也想不起任何過去的事了嗎？」

「這當然，他是完全無法回想起來的，這也是您通過儀式卻不記得過程的原因。」

「那接下來會發生什麼事？」

「接下來我們會請他以理性認真地思考，是否願意認可一份由兩條原則所組成的契約。首先是『自由原則』。『自由原則』的意思是在不與其他人的自由權衝突的條件下，每位成年公民都該享有同樣的基本自由。」

「這又是什麼意思呢？」

「自由原則是確立個人自由絕不能破壞其他人的自由。總不能讓一個把別人關起來的人宣稱關人是他的自由，這跟被關者的自由是衝突的。經過理性思考，成年人應該會認可這樣的原則。『基本自由』指的是行動自由、言論出版自由、信仰宗教的自由、集會結社的自由，這些人類歷史中因壓迫而掙得的自由，並不包括隨意購物或任意擇偶，這些不是自由，而是『欲求』。」

「是的，您說的沒錯。」

「在參加者理解原則後，系統會詢問他是否願意接受。參加者既然不知道自己的身分，在理性思考後，他應該選擇同意，同意既是公平的，也能避開自己損失的風險。系統會給人足夠的時間考慮，也會判斷回答的真誠性，沒問題的話就會進入到下一個階段。」

「那如果對方不同意或有問題呢？」

「絕大部分的人都會選擇『同意』，所以不同意的情況就等第二階段之後一起解釋。第二個需要參加者認可的原則是『平等原則』。『平等原則』的意思是社會中決定經濟收入的職缺應該對所有成員開放，而且經濟分配應該盡可能照顧社會中最弱勢的人。」

「為了經濟地位的平等，對嗎？」

「對的，世界資源有限，分配必須公平，職缺對所有人開放是最基本的要求。然而考慮現實世界的情況，某些個體的弱勢是難免的，因此會再附上以照顧最弱勢者為優先這一點。」

「職缺必須對所有人開放是符合平等精神的。但您怎麼能確定，人們會願意認可照顧弱勢者這一部分？」

「深思熟慮後就會了解這也是合理的。跟前一個原則一樣，因為參加者不知道一切自己的資訊，他必須要考慮自己也可能是弱勢者。基於安全考量，人應該避免讓自己受到不公平的對待，所以接受也是很合理的。」

「原來如此。」

「思考並接受這兩條原則後，整個儀式就完成了，參加者已經轉變為自覺加入社會的『成人』。雖然前方路遙遠，路上障礙很多，但已經邁出參與社會的第一步了。接受自由與平等原則是出於理性的自保，而不是無私地為社會犧牲。理性思考能保障自己也保護他人。」

「可是萬一……您剛剛也說了，若有人不願意接受這些原則，該怎麼處理？」

「這很簡單，依照現有社會制度設計，這些人將被放逐於荒野。他們不適合加入社會，即便有意願加入，但根據過去經驗，衝突終究難免，所以還是一開始放逐最好。」

「會有人因為不想被放逐而勉強接受契約嗎？」

「那是不會發生的，機器會偵測到這類意圖，用電流抑制它。我們是讓人完全自由而且公平的思考，不帶一點邪念與偏見。另外，所有通過或不通過無知之幕的人，事後都不會記得，這對所有人都是有好處的，所以我們也保持這樣的傳統。」

「太驚人了。」

「目前為止，我們的控制率是百分之百，沒有任何人在程序中有任何損傷，我們的系統是絕對可以信賴的。您手邊應該有第三方調查的報告證明我所說的完全屬實，所以，我們應該可以談下一個計畫了吧？」

「您說的沒錯，我是為下一個計畫而來。具體而言，那是個什麼樣的計畫呢？」

「我們的建議是不只在成年儀式使用『無知之幕』，連進行投票活動時，也使用『無知之幕』，讓人能進行真正自由的思考。當人投票時，他應該完全從公共事務的角度來思考，對不對？」

「當然是對的。」

「可是如果他知道，候選人之一是他的親人或長官呢？他的投票不就開始以自利的角度思考，而不像我們所期待的那樣公正了嗎？」

「的確是的。」

「因此，我們必須在投票時阻斷一切的個人資訊。讓投票者以無私的角度思考。這種程序必定能提高公共決策的品質，讓社會中的每個人都受益。」

「似乎沒錯。」

無知之幕的進階計畫後來被國家接受了。至於公共決策的品質到底是否更好，就只有神才能知道了。

Cibala
老師碎碎念

本故事說的是約翰・羅爾斯(John Rawls, 1921–2002)，美國政治哲學家、倫理學家。

羅爾斯一九七一年出版的《正義論》是西方政治哲學的經典之一。這本書深入分析了自由主義政治哲學中的重要概念，包括自由原則、公平原則、社會契約等，他為這些概念提出理性的證明，深入的批判，而不是只停留在表面意義的接受與支持。

也由於《正義論》的立場傾向於突出平等價值的自由主義，這本書也引發了自由主義傳統中的爭論。社群主義者，古典主義者紛紛闡述他們的有趣計畫，帶來了豐富的概念與討論。本故事的主題是描繪羅爾斯的「無知之幕」的思想實驗，並簡單呈現自由原則與平等原則的概念。

## 哲學很有事，你也來試試

☆故事中所提到的無知之幕會讓人暫時失去什麼？

☆簡述故事中所提到的「自由原則」。

☆簡述故事中所提到的「平等原則」。

☆簡述故事中所提到的進階計畫。

☆你認為一個人依自己的利益去投票是對的嗎？

☆你認為一個人依自己的利益去投票是他的權利嗎？

# 看守者傅柯

不是智慧而是權力制定了法律。

英國哲學家　托馬斯・霍布斯

年代與地點俱不詳。

「這裡就是獨堡監獄，今天開始你就是獨堡的看守者。」前任看守者道。

「整間監獄只需要一個看守者嗎？」傅柯回道。

「這是新式監獄，非常安全，是個名叫『邊沁』的人設計的。犯人進出管理都用自動機器，還有套完美的監視系統，能有效預防囚犯鬧事。」前任看守者一邊回答一邊帶傅柯進了監獄中央的管理室，然後對他說：「看！這裡是整個監獄的中心，監獄是圓形的，管理室位於圓心，所有牢房都在圓周上，沒有一間房間能逃得過監控。你看，你只要轉一圈，立刻就知道所有人在幹嘛。」

傅柯轉了一圈，果然一清二楚地看到不同牢房的犯人在做著不同的事。

「你現在看或許很亂，但習慣之後，你就可以在三十秒內掌握所有的犯人在幹嘛。任何一間牢房的風吹草動你都一清二楚。這裡的玻璃是特製的，你看得到他們他們卻看不見你，每個人都知道這一點。這就是這座監獄最可怕的地方了，犯人感受到隨時隨地的監視，又無處可逃。你一定會覺得有趣的。」

「有趣？」

傅柯開始了在監獄守衛的日子。傅柯很聰明，監獄的例行公務對他而言易如反掌，他每天處理完例行報告後，便開始觀察犯人。

監獄對犯人每日行程的規定是非常細緻瑣碎的，休息、起床、盥洗、運動、勞動都有固定時間，不照做就會被扣點記過。傅柯原本以為嚴格的行程很違反人性，難以遵守。但稍微有經驗之後卻發現，給犯人自由開放的時間反而容易引發焦躁，緊湊行程反倒能給予人平靜安定的感覺。

每天他都得朗誦以下這一段話給犯人聽：「你們是不正常的邊緣分子，得依照規律生活，好好控制自己。當在沒有人監視下依然能完成分內的工作，你們就成功地改造了自己。」

新進的犯人一開始難免會遲疑，而且會有暴躁不安的情緒，會有脫序的行為，但監獄無時無刻的監視很快就逼得他像軌道上的車子，習慣日復一日的嚴格行程。傅柯發現，「被觀看」對一個有思想的人而言，就像被控制一樣，而且更是一種發自於內在的，持續不斷的控制。

工作上手的某一天晚上，傅柯做了個惡夢，他夢見自己坐在圓形監獄的中心，正快速瀏覽四周，卻在其中一間的牢房中看到了自己。

「那不是我啊！我坐在中心。」傅柯對自己說，但只一瞬間，他就發現自己像傳送一樣，靈魂直接轉移到了牢房中傅柯的身體，他回頭只能看到能監看到自己的管理室。

「這就是被監視的狀態？」傅柯看看周圍，他剛剛看到的牢房卻突然變換成自己家的客廳，他瞬間放下心，但他猛然回頭，卻發現管理室還是在剛剛那個地方。

「開什麼玩笑啊？」傅柯想朝管理室走去，卻突然被驚醒。

「我是不是工作壓力太大了？」他對自己說。

惡夢之後的一週，傅柯對犯人的監控格外嚴格，還會大聲把某一間的犯人在做什麼說給全監獄的人聽。他發現這樣做對自己有點療癒的效果，反正犯人也沒辦法反抗。

這天傅柯交班早了，所以到幼稚園接女兒瑪麗亞的時間也提早了。他散步到教室附近，卻敏感地發現，幼稚園教室窗子的位置跟大小都是為了從外面監視方便而設計的。

「怎跟監獄一模一樣？」傅柯又想起那個不愉快的夢，渾身開始不自在。

幼稚園老師對小朋友道：「小朋友，你們知道人類為什麼要創造出文明嗎？」

其中一個小朋友回道：「為了要讓我們生活得更舒適。」

幼稚園老師道：「那是一個原因，還有其他的原因嗎？」

另一個小朋友回道：「教我們控制住自己。」

傅柯心道：「開什麼玩笑，這不是在教犯人嗎？」

幼稚園老師道：「你們說的很對，我們要依照規律作息生活，好好控制自己。當你在沒有人監視下依然能完成自己分內的工作，你們就成功了。」

這段話傅柯太熟悉了，他無法壓抑胸中的怒火，衝進教室對老師吼道：「妳到底在教什麼？」

「先生，你是誰？」老師錯愕問道。

傅柯吼道：「我是瑪麗亞的父親。你們到底在教我小孩什麼東西？」

老師回道：「這位父親，你不能擅自進來課堂。」

傅柯道：「我是在問你，到底在教我小孩什麼？」

瑪麗亞走過來拉著傅柯道：「爸爸你幹嘛那麼兇啦！很丟臉耶！」

老師回道：「這是學校統一訂的教材，內容通過教育機關審核。你就算是父親，也不能干涉國家教育的內容。」

傅柯憤怒地揮拳，將黑板打出一個大洞。

傅柯中斷課堂的事鬧大了。當地檢警以涉嫌恐嚇罪名對他偵訊。他公部門的上司傳喚傅柯去他的辦公室。

「你的老婆訴請強制離婚了，法官很可能會判她贏。」上司深吸了一口菸之後，緩緩吐出煙，然後對他說：「你最好弄清楚，我們可以剝奪你的工作，甚至你對孩子的扶養權。」

傅柯默然不語。

「你知道為什麼嗎？因為我們有權力。文明社會就是權力的組織，每個人在各個不同方面或是支配者，或是被支配者。你看守監獄，應該很清楚這一點才對。」

傅柯依然默然不語。

「我知道，你就是太清楚這點了，所以看不下去。每個圓形監獄的看守者都有相同的精神問題，他們認為自己在監視著人，專心致力地做好這件工作，便一時忘記了自己也在被其他人監看著，最後又難以接受，爆發了，如同你現在一樣。」

傅柯無話可說，他覺得自己的一切都被看穿，只等著被處置。

「其實每個人都一樣。文明就是權力，監視著每一個人，也控制了每一個人。這場棋沒有棋手，只有棋子，你我都一樣。關鍵是，你還能不能繼續扮演，能不能控制住自己，如此而已。」

「我應該可以。」傅柯回道。他不想離開女兒跟工作。

「你還能繼續當個文明的好父親嗎？類似狀況不容許再發生。」

「我可以。」

「工作這邊呢？你還能繼續當個稱職的看守者嗎？維持公務人員的良好

形象？」

「我可以。」

「如果類似狀況再發生，你的精神狀態會致強迫住院，你明白了嗎？」

「我知道自己錯了。文明就是被觀看、被控制，成為權力結構裡的棋子。這是社會的必然結構，不可能改變，可是我離不開它。」

「很好，你既聰明又有誠意，我會盡最大力氣處理你這邊的事，至於你老婆那邊你得自己搞定。」上司伸出他的手道：「傅柯先生，歡迎回到文明。」

傅柯深深的鞠躬並握住上司的手，用舞臺劇一樣的節奏跟語調，像講給觀眾聽一樣道：「謝謝您。」

## Cibala 老師碎碎念

本故事的主角是米歇爾・傅柯 (Michel Foucault, 1926–1984)，他是二十世紀法國重要的哲學家和社會理論家、文學評論者。雖然傅柯自己並不情願，但他通常會被歸入解構主義者或後現代主義者。

傅柯對「權力」的看法是他思想中重要的核心，而他的看法也是思想史上極為卓越的見解。傅柯在所有的地方都能看到背後的權力，不管是懲罰、醫療、精神病、性、知識、真理乃至於文明本身到處都充滿著傅柯所謂的「權力」。拆穿這些權力的表象是他重要的工作，也是本篇故事的主題。

本故事也借用傅柯所提到的，哲學家邊沁所設計的圓形監獄，這是種用來展示「監視」概念的典範。另外我還借用了《柏德之門》遊戲中的「燭堡」的名字。在二十世紀末的法國，傅柯具有空前的影響力，而且在中文世界他也有許多的追隨者，很可惜我們只能騰出一個故事來談他。

## 哲學很有事，你也來試試

✫ 燭堡監獄的特色是什麼？
✫ 傅柯從犯人行程規定中發現了什麼玄機？
✫ 傅柯唸給犯人聽的那段話是希望犯人能夠怎樣？
✫ 傅柯的上司說「文明」是什麼？
✫ 上司最後要他重回文明的關鍵是什麼？
✫ 你認為文明是建立在權力之上的嗎？為什麼？

# 幸福機器

幸福，是人一生中最偉大的事。

蘇聯作家　馬克西姆·高爾基

年代與地點俱不詳。

布魯斯．李在經過搏命的打鬥之後終於來到最後一層。

空中傳來一陣聲音道：「李先生，您已經擊敗所有的看守者，請來此接受獎賞與榮耀。」

李回道：「已經不用戰鬥了嗎？你不會突然暗算我吧？」

「那是不可能的事，我是一臺人工智慧的機器，無法與人類為敵。」

「所以你最後是要告訴我什麼，還是要獎賞我什麼？」

「事實上榮耀已經在擊倒對手的那一刻就歸給您了，我只能提供您獎賞。您的獎賞是世間人類最想要的東西，也是我被設計出來的目的，我是一臺能給人幸福的機器。」

「能給人幸福的機器？」

「是的，我是臺只要開啟一次就能給予人永遠幸福的機器。」

「你不會是需要什麼靈魂的代價吧?」

「當然不,這是獎賞而非交易。唯一的條件是您選擇之後就不能反悔了,您必須永遠幸福下去。所有提供您的幸福所需要的電力資源都已經備齊了,也不會受到任何人的打擾。」

「那你就說吧,你會提供怎麼樣的幸福給我呢?」

「所有的幸福,應有盡有的幸福,還是您可以自己設計的幸福。」機器用雀躍的語氣說道:「我是一臺可以製作全感覺虛擬實境的機器,不管何種視覺、聽覺、嗅覺、味覺或全身的觸覺,我都可以透過電擊大腦,讓您具有相同的感覺。」

「所以呢?」

「您還不懂嗎?我可以給您任何想要的幸福體驗,跟現實經驗的感覺是一模一樣的。我可以讓您在一段時間中不斷重複這些體驗,這不是很幸福嗎?這是享樂模式。另一種是劇本模式，您可以設定一個故事與自己，在遊戲中感受人生重來的感覺，這與您過去活著的感覺一模一樣，而且可以完全由您設計。」

「可是這些都只是感受、體驗，又不是真的，最多跟遊戲一樣，難道你說的幸福就是玩一個感覺遊戲？」

「並不只是這樣，我還有三個配套措施可以改變體驗的意義。第一，您可以永久進入遊戲，機器會用營養針維持您身體的運作，並移除所有遊戲外的感覺，您不會感到病痛或疲累感。我會盡可能地維持您的存活，雖然沒有辦法永久，但肯定比一般人更長壽。」

「這只是玩的久一點的功能罷了，根本差別不大。」

「第二，不管您選擇享樂模式或劇本模式，在體驗進行過程中，您根本不會記得進入機器前所有的事，換句話說，您不會知道自己的體驗只是體驗，它對您個人而言，就是一個全然真實的體驗。」

「這也只是對我那時候的理解而言吧！」

「是的，可是這不就夠了嗎？您不知道這是假的，所以就是真實的。況且我們並不會損害您原來的記憶，等某段體驗過了，要重新設定下一段體驗時，您又會憶起曾做過的體驗，但新體驗時記憶又會消失。您可以任意設定體驗的長短，甚至也可以指定一個大概結束的時段，或您在遊戲中出現某個反應時結束。」

「說穿了這個功能不過就是自欺罷了。快點說最後一個吧！」

「最後一個是您在選定主題時，有可能出現新選項。我在啟動機器後依然會連上現實世界的網路，這些網路可以提供部分新的資訊，做為您下一次的主題。我也可以設定把這些資訊在遊戲進行中透露給您。不過，當然我不會透露跟增進遊戲體驗無關的資訊。」

「你一開始說，我只能在一開始做選擇，要不要進入機器，進入了之後就必須享樂直到我死，對嗎？」

「是的，您唯一的代價就是現實世界中的身體以及與您相關的所有關係。您無法照顧親人，無法再出現在朋友面前，但這些我也能在體驗中模擬補償。所以就我的考慮而言，進入機器是非常划算的。如果認為時間不夠，您可以考慮任意長的時間，但只能做一次的抉擇就是了。」

「不用等，我已經考慮好了，我決定不使用幸福機器。」

「為什麼？我相信我已經表述清楚這麼好的條件跟理由，為什麼您還是不願意？」

「理由很簡單。這些都不是真的，一旦我進入機器，我就再也不能真正擁有某些東西，再也無法真正成為我想要成為的人，或保護我想要保護的人。」

「可是您可以有相對應的體驗。」

「還是一樣，那又不是真的。」

「只是這樣的理由？」

「這樣還不夠？」

「李先生，容我提醒您，其實您也不知道現實世界到底是不是另一個虛假的遊戲，也許您正在另一臺機器裡面玩遊戲，也許這些都是預先設定的橋段，不是嗎？」

「也許如此，那這樣我拒絕你也是必然的。也許我不知道什麼是真的，但明顯的虛假還是該避免的，不是嗎？」

李離開了機器，完成了他現實中的夢想，卻英年早逝，這到底是幸還是不幸呢？

Cibala 老師碎碎念

本故事介紹的是羅伯特・諾齊克(Robert Nozick, 1938–2002)，美國政治哲學家、當代知識分子。

諾齊克從早期批評羅爾斯的正義概念開始，在哲學各個領域都提出了深入且有趣的看法，本故事集中在他提出的一個思想實驗，有一臺能模擬一切幸福體驗的機器，能提供虛假卻完全逼真的感覺給使用者，人們會願意用現實去交換這樣的體驗嗎？諾齊克認為人們不會，因為幸福對人而言牽涉的不只是「體驗」，也有「真實」。

這個思想實驗在電腦科技的推動下已經越來越接近現實了，但人們的現實感似乎也受到相關科技的干擾，甚至是影視文化的影響而變化。

筆者曾問一群國中的孩子願不願意進入機器，有一半的孩子表示贊成。或許在未來，贊成的人會越來越多也不一定。

## 哲學很有事，你也來試試

- 簡述這個機器如何讓人得到幸福？
- 簡述這個機器第二個配套措施是什麼？
- 布魯斯・李最後拒絕進入機器的理由是什麼？
- 如果是你，你會進入這個機器嗎？為什麼？

# 教授該做的事

判斷一個國家或民族的文明程度，就看它的國民如何對待動物。

印度聖雄　甘地

一九七三年，英國牛津大學附近。

「這是教授該做的事情嗎？」那人憤怒地撕碎傳單，把傳單扔向彼得．辛格。紙撕碎了根本扔不遠，在空中如雪花般緩緩飄落。

辛格沒有生氣，他安靜地等紙片飄落在地，接著彎腰去撿，他身後的學生也過來幫忙。

「怎麼會有這樣的老師。」那人用不屑的語氣道：「真掃興，我還要吃牛排呢！」他悻悻然地走開了。

「老師，您沒事吧？」

「我沒事。」

「我以為他會動手。」

「不會的，我可以理解他的情緒，他只是害怕真相的力量罷了。」辛格起身道：「別在意，這很常見，我們繼續發吧。」

辛格帶著學生繼續在街頭發傳單。

一名穿著套裝，看起來精明幹練的年輕女子接過傳單，對辛格道：「你們這是在宣傳什麼？」

辛格回道：「我們是動物解放的支持者，我們反對把動物看做純粹的財產或工具。即使動物非我族類，但讓牠們遭受不必要的痛苦，我們認為是不對的。」

女子看著傳單，驚訝地道：「你們是說所有的動物？包含養來吃的這些雞跟牛？」

辛格回道：「當然，動物並不會因為被當食物飼養，就不是生命，或不會感受痛苦。今天生產食物的大型工廠裡，完全不把動物當生命看待，牠們被關在無法轉身的籠子裡，終生忍受排泄物氣味，只有被宰殺那天見到太陽。現代食物生產只注重效率，只想降低成本，絲毫不考慮生命的感受。改變這些是人應該做的。」

「這是不可能的，人類不可能對食物抱同情心。你們太理想了，絕不會成功的。」那女子一邊搖頭走開了，不過她把傳單摺好放進自己的包包裡。

接著是一名抽著菸斗，表情看來嚴肅的中年男子問道：「你們這是在幹什麼？」

辛格把對剛剛那位女子說的話再說了一次。

男子道：「痛苦？你們覺得動物會痛？」

辛格回道：「是的。這裡痛苦主要指痛覺，說動物有痛覺有什麼不對嗎？」

男子道：「你們怎麼知道動物有痛覺？」

辛格反問道：「你怎麼知道其他人有痛覺？」

男子道：「人會講話，會反應。動物不會。」

辛格道：「動物不會講話我承認，但身體反應跟人沒什麼不同。當動物受到痛覺刺激時，會試圖翻滾、逃開、面部扭曲、呻吟、慘叫，人也一樣。動物神經系統反應也跟人類似，血壓升高、瞳孔放大、流汗、脈搏加速等。這些特徵不只人類有，哺乳類或鳥類都一樣。人類在演化上與其他動物有親緣關係，痛覺是有神經系統的動物共有的反應。」

男子道：「這些只是生理特徵。我要問的是心裡的痛，我們無法真正了解動物的心，所以不能確知其他動物的確會痛。」

辛格道：「如果不能從可觀察的行為類推，那我們也不能確知其他人會痛，因為無法真正了解他人的心也是非常合理的。」

男子道：「那你怎麼知道植物不會痛？」

辛格道：「神經上的證據，行為上的證據，還有痛覺神經在演化上的意義。不過如果你不介意，在我們身上的小實驗或許可以幫你理解差異。」

男子道：「什麼樣的實驗？」

辛格問道：「先生剪過頭髮或指甲吧？」

男子道：「這當然。」

辛格問道：「剪指甲或頭髮會痛嗎？」

男子道：「當然不會。」

辛格再問道：「那用同樣的剪刀來剪手指或腳趾呢？」

男子道：「當然很痛啊！」

辛格道：「這就是了。神經系統跟痛覺之間的聯繫，在我們身上已經很清楚了。有痛覺神經的手指會痛，而沒有神經的部分不會。況且，我這樣說並沒有可以任意摧殘植物的意思，如果真的要考慮植物的生命，其實吃動物反而對植物更不公平。」

男子道：「這又是為什麼？」

辛格道：「因為動物的肉並不是免費而來，為了讓動物長出可食用的肉，我們需要餵食牠們更多的植物。這中間有個轉換比率，但基本上是耗損過程。所以當全部改為素食的時候，人消耗的植物不但不會變多，反而會變少。」

男子的表情彷彿大夢初醒一般，他丟下一句「我想想」之後若有所思地離開了。

下一位停下來拿傳單的人是位老太太。她看了看傳單，辛格還沒開口，她便搶先道：「你們愛動物很好，這真的很好。我自己也愛動物，我養了不少寵物。」

辛格回道：「但是我們想推動的動物解放，並不是用寵物的方式去愛動物，而是爭取動物的權益，公平地對待所有動物。」

老太太道：「我知道。我也覺得這樣很好，你們真是有同情心，這是一種高尚的人格。」

辛格推了推眼鏡道：「謝謝您的欣賞。但我們認為解放動物不只是值得同情的事，還是有關公平正義的事。您會覺得解放黑奴，爭取婦女權利，阻止種族屠殺，是出於『同情心』嗎？」

老太太回道：「這些當然不是，這是讓社會變得更公平跟進步的事。」

辛格道：「若是如此，為什麼爭取動物的權利是出於同情呢？」

老太太道：「那是因為這些都是人而不是動物。」

辛格道：「這正是動物解放要成為社會運動的原因。在爭取解放的一開始，白人會認為自由生活的權利不包括黑人，受教育的權利不包括女人。但我們今天為黑人跟婦女取回權利的方式，是社會運動而不是讓大家同情他們。同樣的，動物解放也能讓社會變得更公平。」

老太太道：「可是動物不會說話，不會自我表達。況且牠們也沒有道德概念。」

辛格道：「這些是動物解放運動面對的困難，卻不能成為阻止運動前進的理由。有沒有道德概念跟有沒有權利根本無關，當反對種族屠殺時，曾測驗過這些人的道德程度還是語言能力嗎？不會說話而且什麼概念都沒有的小嬰兒不是我們最優先保護的對象嗎？無辜者無法說話不能成為他受虐待的正當理由，動物解放為的是爭取正義，而不只是推廣慈悲。」

「先生，你說的很對。」老太太取下她的眼鏡，擦了擦後道：「請讓我幫忙這件正義的事。」

辛格沒有放棄他的理想，繼續推動動物解放運動。在二十世紀末，動物解放運動成為世界性的浪潮。

Cibala
## 老師碎碎念

本故事介紹的是彼得・辛格（Peter Singer, 1946–），澳洲哲學家，動物解放運動的重要領袖。他的著作《動物解放》被譽為是動物解放的《聖經》。

本故事主要就是呈現這本書中的觀點，這本書旨在將動物的受苦問題變成嚴肅的社會議題，希望訴諸社會的力量來改變法規，進而改變千千萬萬動物的處境，這種想法已經在全世界各地，特別是歐洲得到很大的成效。

這本書也認為人在了解動物現況的前提下，有責任成為一個素食主義者，透過減少肉品的消費，這是最簡單且快速參與改變動物處境的方法，這也引起了許多的注意與爭議。

## 哲學很有事，你也來試試

☆辛格如何描述動物解放的支持者？

☆辛格如何回覆，動物可能沒有痛覺的問題？

☆辛格如何回覆，植物也可能有痛覺的問題？

☆請簡單解釋辛格如何說吃素反而會讓植物的消耗量變少？

☆辛格如何回覆動物既不會說話，又沒有道德概念的問題？

☆你覺得，被飼養當作食物的動物算不算動物？

☆你覺得，素食算不算一種善行？人類有可能全部吃素嗎？

# 後現代知識商店

理智的最後一步是要意識到有無數事物是它力所不及的。

法國數學家　巴斯卡

二〇二〇年，臺北。

「歡迎光臨後現代知識商店。」

電動門打開，映入眼簾的是寬敞的大廳，明亮的店面，凍人的冷氣與笑容可掬的店員。坐落於市中心，佔地百坪，開幕就吸引了人潮的新形態商店。今天是昶心小學排了好久才等到的獨享日，Cibala老師帶著三十名學生來參觀。

「歡迎你們，昶心小學的同學們。也歡迎您，Cibala老師。」

「謝謝你，我們真的是等了很久。」

「感謝大家的支持！Cibala老師今天帶孩子來參觀，有什麼特別想了解的嗎？」

「教育工作也是種利用知識的服務業，看到『知識商店』這個標題，我覺得很新奇，除了了解，也希望有機會能相互合作，給孩子更好的教育。」

「你們的老師有真心為你們著想喔！那就由我先來幫各位介紹吧！」

店員道：「我們這是多元的知識便利店，我們提供各種課程、老師、書籍以及相關影音的服務給顧客。我們希望改變知識那種高高在上，只有最聰明的人才能獲得的感覺，我們的小客人特別多，大家都了解知識能帶來競爭力。」

老師道：「是的，教育的目的如果只是為了賦予競爭力，也真是蠻可悲的。」

「老師真是太幽默了。我們店的特色是『多元化』，我們提供的並不是數學或科學那種定於一尊的系統化知識，而是從更多不同角度思考的知識。比方說各民族的神話歷史、藝術美學、人物傳奇、娛樂新聞、中世紀咒語、南洋巫毒、各種不同路線的醫療養生、民族征服史甚至玄奇的都市傳說，總之包含了許多種不同面向的知識。」

「收集了這麼多種類的知識，你們是怎麼『分類』的？我知道知識分類本身也是一門學問，知識的分類系統甚至決定了知識的意義。」

「這就是我們多元化的特點了。我們所收集的知識只用名稱檢索，不再依內容進行任何分類。誠如您所言，分類能決定知識的意義，它是某種觀點的產物，而觀點是一種固定的思考框架，很容易讓人有偏見。知識不該總是追求系統、追求精密分類，知識也可以是多元、平等、沒有系統的。」

「可是這樣你們收集的各種知識不會相互衝突嗎？比方說某種病，中醫認為病源在人體內部，西醫又有一套完全不同的說法。兩者的診治療程也可能不一樣，那這樣，我們到底該聽誰的呢？」

「您的問題不已經自己回答了嗎？有些人被西醫救了一命，但同樣也有人因中醫的診治而病癒。知識的效用是局部的，不同的狀況可能適用不同的知識，沒有放諸四海皆準的原則，所以沒有『誰到底該聽誰的』這類問題。」

「可是如果不理會理論與理論的衝突，不整合不同的想法，我們又怎麼可能『進步』呢？」

「那是因為您預先假定了，一定要整合不同的想法才叫『進步』，這是種

『現代』的思考習慣。『現代』式的思維過分相信理性、科學或進步這些概念，編織成一套神話，迷信地崇拜著。然而兩、三百年過去，神話所許諾的美好願景並沒有來臨。『後現代』就是想要跳出這種思考。翻轉看事情的角度，把一切看成分散的、多元的，各有各的領域與價值，恢復知識本來的意義，這不很好嗎？」

「可是依照這種分散多元、不計較理論衝突的想法，不就沒有絕對的『對錯』了嗎？」

「是的，『對錯』這種永恆對立的思考太沉重了。每個人的生命都只有有限的長度，對有限生命有價值的知識，為什麼一定要有『絕對的對錯』呢？對我們而言每種理論都是種『述說』或『敘事』，是某種理解角度說出來的『故事』。」

店員說完這一長段，Cibala 老師思考了許久，然後道：「這真是種特別的想法。」

「其實後現代反對絕對的對錯，還有一種反霸權的考量。比方說我覺得Cibala老師很有智慧，這是毫無疑問的，只是當您把您的知識凌駕於他人之上，勉強別人接受一樣的想法時，就成為一種『霸權』了。後現代反對『知識霸權』，特別反對『科技的知識霸權』，因為這種霸權在依賴科技的生活中更是無所不在的。」

「霸權嗎？我急著追求知識，倒沒想過當中可能會牽涉權力問題。反對知識單一霸權，追求知識的多元化，後現代也真是種有趣的思考方式呢！小朋友你們都理解了嗎？」

Cibala老師剛剛聊得太專心，沒發現自己身邊的小孩早已經跑光了，有的開心地翻著都市傳說，有的在查找少年偶像的資料，也有人陶醉於古代的戰爭。

「就讓孩子各自尋找自己的未來吧！」店員笑著說。

Cibala 老師碎碎念

本故事介紹的不是一個特定的哲學家，而是一股思潮，名字是「後現代主義」。

後現代主義粗略地說，是懷疑跟反對啟蒙以來以追求理性、追求進步、追求絕對對錯，並且以科學為核心的知識體系。後現代主義倡導人們應該擁抱多元的知識系統，認為對錯並非絕對而是相對，反對科技知識的霸權。

其實二十世紀整個歐陸哲學都對啟蒙以來的理性中心發動了各種不同角度的攻擊，後現代立義也是此思潮中的一支。除此之外，在建築、文學批評、教育、心理分析乃至於人類學各領域都出現反理性、反傳統、反系統的思想呼聲。後現代的思潮作為理性的對立因子，可以說是種普遍的文化現象。本故事只是呈現它與哲學思想比較有關係的一面，至於它更廣泛的各個面向，可能要加入各種不同學科後才能現出全貌。

## 哲學很有事，你也來試試

✩後現代知識商店的特色是什麼？

✩後現代知識商店如何將他們收集的知識分類？

✩後現代知識商店如何解決不同知識之間可能的衝突？

✩Cibala老師問這樣「不就沒有絕對的『對錯』了嗎？」，店員如何回答？

✩你同意這種沒有絕對對錯的看法嗎？為什麼？

# 小孟

我們無法從書中了解人類。

英國政治家、作家　班傑明・迪斯雷利

一九八五年，中國雲南省石屏縣。

小孟今年二十歲，農家子弟，住在雲南省石屏縣的農村。他從小對學習完全沒興趣，一點心也放不上，整天在山裡陪著祖父母種些菸草山菜。不過這些年山村農產銷路不佳，小孟得下山找城裡的差事來做。

「怎麼會有這種工作條件？」小孟幾乎不敢相信自己的耳朵。

鄰居小慧對小孟道：「就是有啊！這上邊都說了，限失學的年輕人，不識字佳。」

「這不就是我嗎？」小孟抓著頭回道。

「就說是你。」小慧嘟起嘴道：「這我還不能去呢！而且這上邊說了，短期，包吃住，待優。」

「姑娘幫幫我寫資料，求妳了。」

小慧幫忙寫好資料後送出，很快的就收到昆明的來回車票，零用金以及面試通知。

小孟循著指示搭了車，進了城，來到了「那一個地方」。

「這房子也太大了吧！」小孟望著眼前的豪宅，自言自語道。

房子到底是私人的還是公家的，他也搞不清楚，只知道很快就有人來接待他，領他到面試的房間。

「您好，我是小孟。」

「你好，孟先生。我是施博士。我是研究人工智能的。」

「您好，我是這個，農民。」小孟指著自己並笑著回道，他身上有單純質樸的氣息。

「孟先生，我們就打開天窗說亮話吧！你目前是我們這個實驗受試者的第一人選，我們很希望你能來幫我們完成這個實驗。為了方便你考慮，我先說明你的酬勞。」施博士遞了張紙條給小孟。

「這麼多啊！這不是一年份的薪水嗎？」

「因為工作很辛苦，你必須整整離家三十天，住在一間房子裡，不能外出，不能跟任何人見面。兩天可以打一次電話回老家，在房子裡除了睡眠時間幾乎都是練習跟待命。我們是認為你的年紀比較輕，所以做了這個過分的要求。對了，我想親口跟你確認一下，你不懂英文吧？」

「洋文當然不懂，見都沒見過，它又不長在樹上田裡。這很重要嗎？」

「這是關鍵。」

小孟一口答應工作，隔天施博士就帶他到房間上工。

「你得在這兒工作，這有一些資料，是告訴你怎麼查找英文的。」

「可是我看不懂英文啊！」

「就是需要你看不懂。你必須依照步驟找出這個句子的編號，然後對應這邊是它的解答。」

「我一整個都看不懂。」

「你不用懂，你只要照著圖樣找。」施博士詳細地教小孟。英文圖形數量（含空白、句點與數字從零到九）是三十八個，加上常用特殊符號在九十九個以內很合理，句子中每個字母都用兩位數編碼。查詢的步驟看似複雜，其實卻是機械式的查表，小孟學習能力並不差，很快開始上手。

「施博士，我是知道怎麼做了，可是我還是不會看這英文。您教我些，我好做得快一點。」

博士揮揮手道：「絕對不行，你完全不懂英文才是實驗的關鍵。」

小孟開始了在房間的生活，第一週是訓練，小孟必須依照送進房間紙條的英文字串找到正確編號，查出編號對應的另一串英文。小孟讀不懂也不會寫英文字，不過他可以用找圖的方式把對應的句子打出來。他做的是以下這類查收活動。

小孟收到"Hello!"

小孟回覆"Hello! Nice to meet you."

小孟收到"Me too. Where do you come from?"

小孟回覆"Canada! I had been lived in Toronto for many years."

諸如此類的一般對話，而作為回覆者的小孟是一個完全不懂英文，只會查找資料，跟按圖打字的人罷了。

也因為年輕，小孟適應性極佳，查資料跟回覆的速度都越來越快。施博士布置的屋子舒適，伙食也好，時間過得很快，十五天後小孟就能跟懂英文的人隔著房間交談，只是對他而言都只是查資料跟打字。除了速度還是比一般人稍慢之外，跟小孟交談過的人都認為有個懂英文的人在跟他們交談著。

「小孟，你越來越快了。」

「工作久了，自然熟練起來。博士，我這活兒應該是稱職的了，對嗎？」

「非常稱職。」

工作的日子過得太快了，後來也沒有特別的事發生，除了小孟最後一天的那個長夢。

小孟夢到一群人站在他工作房子的面前，不斷將紙條遞進屋子。他們對彼此說，他對你說什麼？我覺得她是一個美麗的小姐，你覺得呢？他們猜測裡面人的外表、個性之類的，彷彿真有個人在與他們聊著天。

「別傻了，那裡面是我，我根本不是在講話，只是查資料罷了。」小孟笑道。

接著他做夢的場景又變了。他身在一處工地，有個傢伙正指揮著一群外國工人建造。

小孟也不知道哪來的勇氣，走過去對指揮者道：「你們在蓋什麼？」

「蓋一個房間。你好，我是圖靈博士。」

「我是小孟。」

「我們想蓋一個精密的計算機器，能透過計算，算出怎麼回應人說的話，讓人好像能跟機器對話一樣。」

「你們為什麼要這麼做？」

「我想證明機器能理解人類的話語。如果人類單靠對話反應，卻沒辦法分辨跟他說話的是人還是機器，那我就能證明機器具有跟人一樣的聰明智慧，能理解人所說的話。」

小孟想到自己過去的經歷，急忙對博士道：「不！不！不！即使有了這樣的房間，也不能證明那臺機器具有跟人一樣理解話語的能力。」

「為什麼？」

「因為我就是一點也不懂英文，卻在做用英文對話的工作啊！」

小孟把他的工作跟圖靈博士解釋了一次，博士聽的津津有味。

圖靈博士回道：「所以我懂了，你的意思是即便你看起來像是在與房間外的人用英文對談，實際上你卻是一點兒也不理解英文。因此你說，即便我建好了機器，機器能與人順利對答，依然不能證明機器能理解人類的話，就像你依然不懂英文一樣。」

「是的，我就是這個意思。」

「如果你的想法是對的，這代表不管機器有多麼快的速度，多麼豐富的資料，多麼流暢的對答，都只是以對圖形，並不真正理解符號的意思。」

「對，你講得又更清楚了。」

「可惜，我不認為你是對的。」

「為什麼？我的確是一點英文也不懂啊！」

「那是因為『你個人』不代表整個房間，如果整個房間，包含你查閱的那些資料，還有你依循那些查資料的搜尋規則，所有東西加總在一起才能讓這個房間正常運作。所以即使你是不懂的，但這個房間是懂英文的，你加上房間才是一個能聽懂英文的系統。」

博士的回答讓小孟很驚訝，他也開始動腦思考起來。想了好一陣子後，他回道：「可是，博士，這整個系統是你設計的，你具有真正的理解力，又把機器造出來，所以能賦予機器理解力的還是原本就有理解力的博士你啊！你只是用製造出來的機器轉移了自己身上的理解力，而不是憑空造出一個有理解力的機器。這樣說對不對？」

面對這個回應，博士又開始皺起了眉頭，認真思考起來。

「小孟，該起床了。」施博士對他說：「謝謝你，我們的實驗已經完結了。」

「圖靈博士，你？啊，是施博士啊！原來，我做了一場夢。」

「謝謝你的配合。我最後想確認一下，不管你知不知道，在最後這五天，你已經能流利地用英文與人們談話，但對你個人來說，你有從這當中學習或了解到任何英文句子的意思嗎？」

「一點也沒有，直到現在我還是一點也不懂英文。」小孟斬釘截鐵地說。

Cibala 老師碎碎念

本故事描述的是美國哲學家約翰・瑟爾（John Searle, 1932– ）的著名思想實驗：中文房間的論證。這個論證是說有一個房間，房間裡的人完全不懂中文，但能透過操作手冊的查詢，給任何送進房間內的中文紙條符合圖靈測試的正確回應，但是，這樣的活動過程並沒有任何真正的「理解」可言。

中文房間的論證是針對圖靈測試所提出的理論性挑戰，它不是說我們做不出這樣的機器，而是說即使做出這樣的機器，也沒有真正的「理解」可言。人類的理解跟正確或適當的反應是完全不同的兩回事。

瑟爾在一九七二年出版這個論證時，後面附著許多人工智慧研究者、神經生理學家、電腦學家、哲學家的反對觀點，但這也表示這個論證的重要性。無論如何，這個論證都是二十世紀哲學中一面有趣的窗。

## 哲學很有事，你也來試試

- ☆小孟新工作的特殊要求是什麼？
- ☆小孟在房間中訓練的技能是什麼？
- ☆小孟認為他所作的這些工作能不能反映出真正的理解？
- ☆圖靈博士怎麼回應小孟提出的挑戰？
- ☆你覺得能用各種正確方式回話的機器，算不算是具有理解力的機器？

# 黑白瑪莉

如人飲水，冷暖自知。

《景德傳燈錄》

一九八四年，澳洲墨爾本。

「瑪莉，我要打開妳眼睛的繃帶了喔？」

瑪莉出生之後不久，就發現眼睛部分有問題。瑪莉有正常人的視錐與視桿細胞，視神經系統也正常，可是不知道為什麼，視錐細胞就是無法正常作用。這是極罕見的病例，在合理處置跟治療都無效之後，醫生宣告束手無策。

「所以，瑪莉看不見東西？」瑪莉的爸爸問。

「不至於，視桿細胞仍能對亮光起作用，所以她應該還是看得到東西，只是看不見顏色。」

「看不見顏色？所以，就像看黑白電視機一樣？」

「是的。同樣亮度不同顏色的東西，她是無法辨識的。」

「這長大後有機會痊癒嗎？」

「我不知道，但機會不大。」

雖然像看著一臺黑白電視一樣的單調世界，瑪莉依然長成了一個健康、樂觀而又堅強的小女孩。

瑪莉道：「把拔，你可不可以形容一下，看見顏色是什麼感覺？」

瑪莉的爸爸回道：「很難形容。就像妳把眼睛閉上，我請妳形容剛剛看見的東西一樣。」

「我可以說我剛剛眼前就是一堆圓圓方方的東西啊！」

「對，可是那是對已經看過圓跟方的人來說這些詞才有意義，如果妳要對一個天生的盲人說明圓跟方，妳又該怎麼說明呢？」

「我會敲方的東西跟圓的東西給他聽，再給他摸一摸。」

「那我也可以敲黃球跟紅球給妳聽一聽，給妳捏一捏。」

「可是我還是感受不到差別，我好好奇喔！還能不能多說一點呢？」

「真要說的話，恐怕就超出語言的界線了。」

瑪莉幸福快樂地長大了。雖沒見過，但瑪莉對顏色並非完全無知，她知道天是藍的，雲是白的，植物葉子大部分是綠的，熟香蕉是黃的。她能分辨亮度不同的顏色，輔以猜測就能大致無礙。她也知道紅綠燈這種東西，可以憑亮燈位置認出燈號。她還知道顏色的心理意義，某些顏色溫暖，某些冷酷，男女愛好的色系不同，婚喪喜慶各有對應不同的顏色。

「瑪莉，妳花這麼多時間讀書，是為了什麼？」

「為了考試。爸，我決定了，我想研究科學。」

「為什麼會對科學有興趣呢？」

「我想了解顏色，這對我來說是件神秘而又有吸引力的事物。」

「可是妳靠書本上的知識真能了解顏色嗎？」

「這問題我想過，假定我透過科學研究了解了『什麼是顏色』之後，我在天堂真的看見了顏色，那麼有兩種可能。」

「說說看。」

「第一種可能性是，我看到顏色的這一剎那，完全顛覆並增加了我這一輩子對它的研究跟了解，我會在天堂心滿意足地說，原來顏色是這麼一回事啊！」

「很好，那第二種可能呢？」

「第二種可能性是，我看到的顏色，其實不能增加我過去的理解，我只是換了個觀察顏色的方向，就好像從左右兩個不同方向看同一個東西似的。我會在天堂心滿意足地說，原來我過去的研究，已經完全超出了我這輩子天生的限制呢！兩種狀況都會讓我很滿足。」

「妳真的想的比我還要透徹，我們會支持妳一切的選擇。」

瑪莉後來的研究之路十分順利，她真成了專門研究顏色的神經生理學者，而且在大學教書。

「顏色是人類對光在視覺上所做的分類，比方說紅光、黃光、藍光等等。

不同顏色主要來自於物體反射光不同的波長對視錐細胞的刺激，人類可以感受到的光的波長在 312.3 到 745.4 奈米之間……」

瑪莉講了一段開場簡介之後，有學生舉手了。

學生問道：「老師，人們說妳從沒見過顏色？」

瑪莉道：「是的，很可惜，我想見卻從沒見過顏色。」

學生道：「那妳要怎麼教我們顏色？」

瑪莉道：「我是沒親眼看見過顏色，但看見不等於理解。這位同學你看見你前面的同學了，你認識她嗎？」

學生道：「不認識。」

瑪莉道：「這就對了。看見不保證理解，理解也不保證看見。我們沒見過古代人，還是樂於研究歷史。我的同事有研究恐龍的，可全世界都沒人親見過恐龍，這不是很正常的嗎？」

學生回道：「是這樣沒錯……」

瑪莉立刻接著道：「況且顏色並不會影響物體運動的性質。紅球跟白球只要質量一樣，物理運動就沒有差異，在用物理學對世界進行的最終了解中，其實是不需要顏色的。」

學生回道：「總覺得有點怪。」

「沒關係，教育就是要延伸你思考的邊界，讓本來覺得奇怪的事情變得不奇怪。」瑪莉斬釘截鐵地說。

下課之後，瑪莉邊走邊思考，剛剛她是不是對學生太嚴厲了？自己是不是被激怒了？過去她一直堅信，「理解」跟「感受」是兩回事。可是真的是這個樣子的嗎？會不會，其實沒有真感受的理解，根本是假的呢？

接著她看到一個難得的景象，她被一臺高速飛駛而過的汽車撞上，人飛到了半空中，她感覺看到的事物動的越來越慢，她的腦中一瞬間閃過了無數個人生的場景，各種念頭，然後瞬間失去了意識。

「醫生，請您一定要救救我的女兒。」

「不管她是誰我都會盡力搶救，不過並不容易。她頭部受到很嚴重的撞擊，我們沒有辦法確認她會不會醒過來。」

「怎麼會這樣？」

「撞擊力道真的很大，她雙眼都外凸了，肌肉也有撕裂傷，我已經用手術勉強校正回去，不過她要先能清醒，才能確定有沒有受影響。」

五天後，瑪莉醒了。醫生在幫她拆眼睛繃帶的前一天，對瑪莉的父親說：「我們看了她以前的病歷，又做了一次掃描，我們發現，她的視錐細胞開始作用了。」

「您說什麼？」

「很可能她可以看見顏色了，但是還是要看她的反應。」

「真的假的？那我應該怎麼做？」

「明天帶她重要的親人來，她如果恢復的話立刻就能看見你們。」

「醫生，謝謝您。」

「我什麼都沒做，這是她自己身上的奧祕。」

隔天，瑪莉的父母親，還有醫生都在她的身邊。

「瑪莉，我要打開妳眼睛的繃帶了喔？」

醫生幫瑪莉拆開眼前的繃帶，這是瑪莉這週以來第一次睜開眼睛，卻看見了她從來沒看過的事物。

「爸爸，媽媽，我在天堂了嗎？為什麼我看得見顏色了？這究竟是什麼？我說不出來？」

「瑪莉，歡迎來到有顏色的世界。」瑪莉的爸爸對她說道。

Cibala
## 老師碎碎念

本故事呈現的是澳洲哲學家法蘭克・傑克森(Frank Jackson, 1943–)提出的黑白瑪莉思想實驗。原來的故事是假定瑪莉住在一個只看得到黑色與白色的房間中，卻因此喜歡研究顏色，透過理解獲取了關於顏色的物理資訊。

假定瑪莉獲取的資訊就是現今所有對顏色、對光學的認識。可是假設某一天瑪莉房間的門打開了，她從房間走了出去，看到了藍色的天、綠色的草地，這時她對顏色的認識有沒有增加呢？

大部分人會傾向認為「有」，那個顏色實際上看起來的樣子，跟用物理定律理解它相比是一種全新的東西。但是也有哲學家反對這樣的看法，認為瑪莉不是增加一種新的「知識」，只是增加了一種新的認識同一個世界的「方式」。到底結論怎麼樣也許時候未到，這個例子展現出的思考性，實在是非常值得欣賞。

## 哲學很有事，你也來試試

☆瑪莉的眼睛出了什麼問題？

☆瑪莉說她如果真的看到了顏色，第一種可能性是什麼？

☆瑪莉說她如果真的看到了顏色，第二種可能性是什麼？

☆你覺得瑪莉看見從沒看見的顏色時，算不算認識了另一個新的世界？

## 哲學很有事：十九世紀

Cibala 著

強烈情感以及徹底解放的浪漫主義崛起，十九世紀裡又有什麼哲學故事呢？本書二十個故事，帶您二十次解讀，二十次腦力激盪！快跟著 Cibala 老師一起探索，找出意想不到的大小事吧！

國家圖書館出版品預行編目資料

哲學很有事：二十世紀／Cibala著.——初版一刷.——
臺北市：三民，2020
面；　公分.——（Think）

ISBN 978-957-14-6912-6（平裝）
1. 西洋哲學史 2. 近代哲學 3. 通俗作品

143.2　　109012525

Think

# 哲學很有事：二十世紀

作　者｜Cibala
責任編輯｜謝嘉豪
美術編輯｜陳子蓁

發 行 人｜劉振強
出 版 者｜三民書局股份有限公司
地　址｜臺北市復興北路 386 號 (復北門市)
　　　　臺北市重慶南路一段 61 號 (重南門市)
電　話｜(02)25006600
網　址｜三民網路書店 https://www.sanmin.com.tw

出版日期｜初版一刷 2020 年 10 月
書籍編號｜S100420
I S B N｜978-957-14-6912-6



三民書局